ヒロシマに来た大統領

「核の現実」とオバマの理想

朝日新聞取材班――著

筑摩書房

Barack Obama, The President who came to Hiroshima

ヒロシマに来た大統領

「核の現実」とオバマの理想

●

ヒロシマに来た大統領　「核の現実」とオバマの理想

●目次

第5章　被爆者の思い

● 資料編

プロローグ

新たな始まり

その日、広島は世界史の舞台になった。

二〇一六年五月二七日、広島市の平和記念公園にある原爆死没者慰霊碑前。バラク・オバマ米大統領（五四）は、慰霊碑に献花し、一七分間に及ぶ演説を終えた。

そして、約一〇〇人の招待客らの最前列に座っていた男性のもとにゆっくりと歩み寄った。左手で杖をつきながら、はねるように椅子から立ち上がった坪井《つぼい》直《すなお》さん（九一）。

「プラハのあれが残っとるはずじゃ。被爆者は、あなたと一緒にがんばる」

オバマ氏が差し出した右手を握りしめ、広島弁で熱弁をふるう。オバマ氏は白い歯をのぞかせて笑みを浮かべる。握りしめたままの右手に一層力を込める。

「だから、これからが大切なんですよ。来年一月に（大統領を）辞めても、広島に来て、繰り返し見たり聴いたりしてください」

第二次世界大戦末期の一九四五年八月、広島と長崎に原爆を落とした米国。その国の現職大統領が初めて広島を訪れ、被爆者と対面した瞬間だった。

二〇歳の時、爆心地から一・二キロのところで被爆した坪井さんは、腕や腰から大量に出血。はうように避難した橋のたもとに、小石で「坪井はここに死す」と記した。「アメリカ憎しの思いが腹の底から煮えたぎった」。中学教師時代は「ピカドン先生」を名乗り、生徒らに被爆体験を語った。「アメリカには、こんちくしょう、って思っていた」

米国でも十回以上、被爆体験を語ってきた。原爆投下を正当化する意見も多かった。それでも「ネバーギブアップ」の心で、相手の話をじっくり聞いて話し合えば理解しあえるはずだと信じていた。

「オバマさんが原爆を落としたわけではない。責めても仕方がない。人類のために手を取り合って、核廃絶に取り組むほうがええけえ」

献花するオバマ米大統領〔2016年5月27日午後5時39分，広島市中区〕朝日新聞社撮影

そう思えるようになったという。

オバマ氏の右手を握りしめたまま、坪井さんは左手に持った杖を上下に激しく動かす。杖を握る左手の人さし指が、オバマ氏の胸を突いているようにも見える。

「よろしくー！」

坪井さんの大きな声が響きわたった。

続いてオバマ氏は、もう一人、最前列に座っていた森重昭《もりしげあき》さん（七九）と握手した。八歳の時、爆心地から二・五キロの橋の上を友人と歩いていて吹き飛ばされた森さん。広島の原爆で亡くなった米兵捕虜の研究を約四〇年にわたって続けてきた。

オバマ氏は演説でこう述べた。

「この地で殺された米国人たちの家族を捜し出した男性がいました。なぜなら、この男性は、彼らの喪失は自分たちの喪失と等しいと信じていたからです」

森さんは、オバマ氏と言葉を交わすうちに感極まって涙がにじみ、言葉に詰まった。その時、オバマ氏がそっと肩を抱き寄せ、左手で背中をやさしくたたき、さすった。象徴的なシーンとして、世界に発信された。

森さんは言う。「温かい手だった。僕の調査を誰も評価してくれなかったけれど、話を聞いてもらって努力が報われた気がした」

大統領就任からまもない二〇〇九年四月、オバマ氏はチェコ・プラハでの演説で「核兵器のない世界」を訴え、その年のノーベル平和賞を受賞した。

八年間の大統領任期が切れるのを前に広島訪問を果たし、広島平和記念資料館（原爆資料館）にこう記帳した。

「私たちは戦争の苦しみを経験しました。ともに平和を広め、核兵器のない世界を追求する勇気を持ちましょう」

オバマ氏による被爆地・広島訪問は、歴史的な一歩であると同時に、多くのものを私たちに投げかけた。オバマ氏が示した「核なき世界」への道のりは険しい。しかし再び、そして新たに、ここから何かが始まるのだろうか――。

第1章
その日、広島で

「特別な日だから」

二〇一六年五月二七日。その朝、広島上空は雲に覆われていた。

午前八時一五分。広島市中心部の平和記念公園にチャイムの音が響いた。

七一年前の八月六日、米軍のB29爆撃機「エノラ・ゲイ」から投下された一発の原子爆弾が上空六〇〇メートルで炸裂し、多くの市民が殺傷された時刻。長い歳月、その音は被爆地に刻まれてきた。

「きょうは特別な日だから」

そう語る男性が、公園のそばを流れる元安川《もとやすがわ》沿いにいた。市内に住む上田道明さん（七二）。毎年八月六日、この時刻になると手を合わせる。この日はオバマ大統領が来るというので足を運んだ。「核廃絶がスタートする日になってほしい」。原爆ドームに向かい、じっと目を閉じた。

原爆ドームの南東一六〇メートル。「島外科内科」前に立つ爆心地の碑の前で、横浜市の柿沼幸子さん（六〇）がたたずんでいた。「この上空で原爆が爆発したなんて。衝撃です」。生まれたばかりの初孫に会いに広島を初めて訪れた。「なぜ今も戦争が絶えず、核兵器があちこちにあるのか。広島を見て、改めて不思議に思います」

公園の中心にある原爆死没者慰霊碑。ここ何年も来ていなかったという女性の姿があった。広島県廿日市《はつかいち》市の主婦、高浜秋江さん（六五）。原爆投下時に広島にいた母は昨年一二月、九〇歳で亡くなった。生前、母は多くを語らなかった。「原爆を受けたことで、いろいろな思いをためこんだ人生だったと思います。オバマ大統領には、「二度とこんな悲惨なことを繰り返してはいけない」と世界に伝えてほしい」

慰霊碑から約二〇〇メートル先の原爆供養塔。地元のボランティアガイド、中前琢磨さん（七三）は、これから愛知県の高校生を案内するという。一〇歳年上の従兄は一三歳だった七一年前、市中心部で行方不明になったまま。供養塔には引き取り手のない約七万人の遺骨が納められている。「何日も捜し回ったが、遺体さえ見つからなかった。この塔にいると信じています」

県警史上最大の警備

「公園の外へお願いしまーす」

正午、公園内から退去を呼びかける拡声機の声が響く。警察官らが規制線を張り、元安川と本川《ほんかわ》に囲まれた中州にある平和記念公園が封鎖された。

テロ対策だ。広島県警は一一都府県警の応援を得て、四六〇〇人態勢で警戒にあたった。「県警史上最大の警備」だった。

公園の入り口には機動隊員がずらりと並ぶ。公園につながる道路を中心に一〇〇カ所以上で検問を実施。広島電鉄も一連の行事の間、路面電車の停留場「原爆ドーム前」に電車を止めないようにした。

二万点の被爆資料を所蔵する公園南端の広島平和記念資料館（原爆資料館）。入館は午前一一時半で打ち切られ、「本日は閉館させていただきます」と放送が流れた。

見学した東京都多摩市の大学三年、関口駿さん（二〇）は「オバマさんが来る歴史的な日に、広島に来たいと思っていました」。大学生の娘と来ていた広島市の主婦、村上桂子さん（五〇）は「もう少し見たかった。また来たいです」。

公園南側に面する平和大通り沿いに星条旗がはためく。オバマ大統領を一目見ようと、公園周辺や沿道には約五〇〇〇人（県警発表）の市民たちが詰めかけた。

「リンカーンやエジソンの伝記が好き。オバマ大統領に会ってみたい」。広島市の小学四年、大塚陽《はると》君（一〇）もその時を待っていた。

原爆資料館の西側にある広島国際会議場には、報道陣のための臨時の「メディアセンター」が設けられた。集まった記者やカメラマンは約六〇〇人にのぼり、うち世界一六カ国の海外メディア関係者が約一二〇人を数えた。

午後一時、開場。金属探知機が設置された入り口前に長蛇の列ができていた。午後一時半、会議場地下に設けられた国内メディア向けの部屋はすでに満員。廊下にまで記者やカメラマンがあふれていた。

午後二時すぎ、原爆死没者慰霊碑を遠方にのぞむ慰霊碑西側の側道に、オバマ大統領の到着を待ち構えるカメラマンが陣取り始めた。赤や青のリボンの取材証を身につけている。

報道陣で目立ったのは米メディア。米国では、原爆が戦争を終わらせ、多くの人命を救ったとする考えが根強い。米紙ＵＳＡトゥデーのカーク・スピッツァー東京特派員は言った。

「投下の是非を判断するのは難しい。大多数の米国人が謝罪を伴わない大統領の広島訪問を支持しているが、訪問自体を謝罪だと受け止める見方もある。記事には慎重さが求められる」

午後三時、外務省の報道担当者が「緑のリボンの方、ご案内します」と声をかけた。抽選によって、朝日新聞、日本経済新聞、中国新聞、テレビ朝日の記者四人が日本メディアの代表取材に選ばれ、緑のリボンをつけていた。公園内でのオバマ大統領の動向を克明に追う「プールメモ」と呼ばれる代表取材メモをつくり、日本メディア各社にメールで送るのが役割だった。

ホワイトハウスの大統領同行記者たちも、英文の「プールリポート」をメールで共有していた。

朝日新聞記者（田井中雅人）は外務省の担当者らとともに、原爆死没者慰霊碑正面の代表記者の取材エリアまで歩いた。静けさと熱気が漂う。

アーチ型の慰霊碑の向こうに「平和の灯《ともしび》」が赤くゆらめく。その先に原爆ドームが見える。慰霊碑の手前には、白いピラミッド型の献花台が二つ。碑に向かって左手前にオバマ大統領が立つ演台が設けられている。

その手前中央の通路をはさみ、百席余りのパイプ椅子が並べられていた。日本の警察官や米国のＳＰらがしゃがみ込み、慰霊碑や招待客席の周辺を念入りにチェックしている。

招待客席の後方が、「プール」とよばれる代表記者の取材エリアだった。

「まるで、ハチロクですね」

プールで待つ記者らが声をあげた。「ハチロク」とは、広島原爆の日の八月六日のこと。まだ五月だというのに昼すぎから、平和記念式典の日の広島を思わせるような太陽がジリジリと公園に照りつけていた。

広島地方気象台によると、午後三時四分、広島市の最高気温は三〇・八度を記録。平年より五度以上高い真夏日だった。

そのころ、オバマ大統領は東海地方にいた。三重県で伊勢志摩サミットの日程を終え、大統領専用機「エアフォース・ワン」で愛知県の中部空港を飛び立つ。

午後三時三三分、山口県の米軍岩国基地に着いた。午後四時すぎ、オバマ大統領は米軍や日本の自衛隊関係者に囲まれる中で演説。広島訪問にも触れ、こう述べた。

「核兵器をもはや必要としない世界の平和と安全を求める決意を確認する機会でもある」

そのあと、専用ヘリで広島へ。午後五時すぎ、広島ヘリポート（広島市西区）に降り立った。黒塗りの専用車で平和記念公園へ向かう。多くの市民たちが沿道に立って手を振り、車列を見守った。

沿道に集まった人らに手を振りながら平和記念公園に入るオバマ大統領〔2016年5月27日午後5時24分，広島市中区〕朝日新聞社撮影

オバマ大統領と「サダコの折り鶴」

午後五時二四分、平和記念公園に到着。オバマ大統領は軽やかに車を降り、その一歩を被爆地に刻んだ。

安倍晋三首相、松井一實・広島市長らの出迎えを受け、すぐその足で原爆資料館に入った。なかでのやりとりは非公開だったが、その後の取材で少しずつわかってきた。

オバマ大統領は資料館東館ロビーに入り、被爆者でもある日本画家の平山郁夫さん作の壁画と向き合った。そして、佐々木《ささき》禎子《さだこ》さんの折り鶴に出会う。岸田文雄外相の説明に熱心にうなずいた。

禎子さんは二歳の時、広島の爆心地から一・六キロの自宅で被爆した。一瞬の照射で細胞レベルまで傷つける放射線の恐ろしさ。一〇年後、小学六年の時に白血病と診断され、闘病の末に一二歳で亡くなった。

鶴を千羽折ると願いがかなう。そんな言い伝えを信じ、一三〇〇羽以上を病床で折り続けた。わずか数センチ四方の薬の包み紙や包装紙などを使って折っていった。原爆の悲劇として国内外で広く語り継がれてきた「サダコストーリー」だ。

オバマ大統領が寄贈した折り鶴〔2016年5月27日午後8時46分，広島市中区の広島平和記念資料館〕朝日新聞社撮影

実物の一部は同級生らから資料館に寄贈された。アクリルケースは特別に外された。オバマ大統領は顔を近づけ、神妙な面持ちで「サダコの折り鶴」をじっと見つめた。

「実は折り鶴を持ってきました」

大統領が突然そう切り出すと、随行員がトレーに載せて運んできた。梅や桜の花が彩る和紙の四羽。幅約一〇センチ、高さ約七センチ。くちばしも羽も尾もピンと美しく、丁寧に折られている。

「少し手伝ってもらったけれど、私が作りました」

出迎えた広島市立吉島《よしじま》中三年の花岡佐妃《さき》さん（一四）、市立中島小六年の矢野将惇《まさとし》君（一一）がそばにいた。大統領は笑顔で二人に声をかけ、名前と年齢を聞いた。

二人が英語で答えると、オバマ大統領は「ベリーグッド。これからも勉強をがんばって」と言って握手し、白地に青の折り鶴と桃色のものをもう一羽、二人に手渡した。

祖父が被爆者の花岡さんは学校で平和メッセージを書き、参加者に選ばれた。大統領から折り鶴を受け取り、「将来の平和を託されたような気持ちになりました」。

矢野君は大統領との対面を被爆者の祖母に知らせた。「おばあちゃんも「平和につながる第一歩を見ることができて良かったね」と喜んでくれた。折り鶴が平和な世界を築くかけ橋になればいい」

オバマ大統領が記帳した芳名録〔2016年5月27日午後7時41分，広島市中区の平和記念資料館〕朝日新聞社撮影

資料館を訪れる要人が書き残す芳名録。オバマ大統領は、こんなメッセージをペンで四行書き、最後に署名を記した。

《We have known the agony of war. Let us now find the courage, together, to spread peace and pursue a world without nuclear weapons.》（私たちは戦争の苦しみを経験しました。ともに平和を広め、核兵器のない世界を追求する勇気を持ちましょう）

書き終えると、その上に赤とオレンジの折り鶴二羽をそっと置き、立ち去った。

そのとき、禎子さんの兄・雅弘《まさひろ》さん（七四）は訪問先の米ロサンゼルスにいた。取材に答え、大統領に感謝した。「禎子の千羽鶴に関心を寄せていただき、大いに感激。謝罪とともに平和への強い決意、寛容な心のぬくもりを受け取りました。心の終戦に向け、日米の新たな一歩を示していただいた」

雅弘さんら禎子さんの遺族は、原爆投下を承認したトルーマン元大統領の孫、クリフトン・トルーマン・ダニエルさん（五八）らと手をとり、米国で年内にＮＰＯを立ち上げる。平和への願いを講演で伝え、日本の学生や教育者を招き、米国の学生らと討論するイベントも開く計画だ。

雅弘さんとダニエルさんは、禎子さんの物語をダニエルさんが知ったのが縁で、二〇一〇年に米ニューヨークで初めて対面。それ以来、「家族のような付き合い」を続けてきた。

雅弘さんの次男、祐滋《ゆうじ》さん（四五）は「オバマ大統領も原爆の悲惨さがわかったと思う。日本人も真珠湾を訪れるべきだ。被害を受けたことばかり言ってもだめだと思う」。ダニエルさんは「社会を引き継いでいく子どもたちの教育が大切だ」と考えている。

そのダニエルさんと共著『The Nuclear Family』を出版したアリ・ビーザーさん（二八）。祖父のジェイコブさんは米軍レーダー技師として、広島原爆投下機「エノラ・ゲイ」と長崎原爆投下機「ボックス・カー」の両方に搭乗した。著書は、核に運命づけられた「日米の家族の和解」がテーマの一つ。この日、平和記念公園にその姿があった。

ビーザーさんは昨年八月に来日。原発事故が起きた福島に滞在しながら広島、長崎に通い、長い旅路の最後にオバマ大統領の広島訪問に立ち会おうとやってきた。

ビーザーさんは言う。「戦争は日本が始めてアメリカが終わらせたと思っていた。でも、被爆者たちと交流するにつれ、そう単純ではないと思うようになった。被爆者の経験を世界に伝えることは大切。ただ、広島と長崎でも意見の違いがあるように、日本、アメリカ、中国、ドイツ、ユダヤ人、人それぞれの真実がある」

大統領が原爆資料館に入るころ、慰霊碑正面の代表記者エリアにホワイトハウス同行記者らも次々と合流してきた。米政府関係者から記者たちに英文の資料がメールで配信された。日本原水爆被害者団体協議会（日本被団協）代表委員、坪井直さんの名前と経歴、談話などが書かれていた。

《私が生きている間に大統領が来られるとは想像できませんでした》

《私たちに謝罪は必要ありません（We do not need apologies.）》

今回、日本被団協は原爆投下への謝罪を公式には求めなかった。

米側の招待客リストのトップには、森重昭さんの名前があった。被爆して亡くなった一二人の米兵捕虜の消息調査に尽力してきた経歴が記されていた。

「大統領があなたのところに行って話します。握手もします」

式典前、森さんは外務省の森健良《たけお》・北米局長からそう伝えられたという。

慰霊碑正面の代表記者エリアでも、外務省の報道担当者から段取りの説明があった。「オバマ大統領の献花、演説のあと、みなさんが期待されているような場面があるでしょう」

「なぜ私たちは広島を訪れるのか」

午後五時三六分、オバマ大統領が原爆資料館から出てきた。

松井市長と湯崎英彦・広島県知事のペアが先導する。その数メートル後ろに、キャロライン・ケネディ駐日米大使と岸田外相のペア。ともに紺色のスーツに青色のネクタイを着けた安倍首相とオバマ大統領が続く。大統領の表情は厳しく、口を固く結んだまま、慰霊碑へ続く石畳を歩く。

待ち構える招待客と代表取材記者らの間を通り抜け、慰霊碑の前で立ち止まった。碑の石室には、これまでに亡くなった被爆者二九万七六九三人の名簿が納められている。

原爆資料館を出るオバマ米大統領〔2016年5月27日午後5時36分，広島市中区〕朝日新聞社撮影

広島女学院高三年、並川桃夏さん（一七）から、オバマ大統領は白い花輪を両手で受け取った。

「How are you? Thank you.」

大統領が並川さんに話しかける。思いがけないことに驚いた表情を見せる並川さん。大統領はほほ笑みを浮かべ、献花台にゆっくり歩み寄った。

午後五時三九分、オバマ大統領が花輪をそっと手向けた。その場で静かに目を閉じ、一〇秒ほど直立不動の姿勢をとった。

わずかにうつむいたが、深く頭を下げることはなかった。

そして、慰霊碑わきの演台に移る。

「Seventy-one years ago（七一年前）……」

ゆっくりした英語で語り始めた。

「明るく、雲一つない晴れ渡った朝、死が空から降り、世界が変わってしまいました。閃光《せんこう》と炎の壁が都市を破壊し、人類が自らを破滅させる手段を手にしたことを示したのです」

「なぜ私たちはここ、広島を訪れるのか」

大統領は、問いかける。

「私たちはそう遠くない過去に解き放たれた恐ろしい力について、じっくり考えるために訪れるのです。一〇万人を超す日本人の男女そして子どもたち、何千人もの朝鮮人、十数人の米国人捕虜を含む死者を悼むために訪れるのです」

手元の原稿に時折目を落とし、右、左と首を振って視線を周囲に投げかける。

「広島と長崎で残酷な終結を迎えることになった世界大戦は……」

原爆が戦争を終わらせたという「神話」を上書きするのか、と記者は感じた。「そう単純ではない」。ビーザーさんの言葉が脳裏をよぎる。

「いつか、証言するヒバクシャの声が聞けなくなる日がくるでしょう。しかし、一九四五年八月六日の朝の記憶を薄れさせてはなりません」

「私の国のように核を保有する国々は、恐怖の論理にとらわれず、核兵器なき世界を追求する勇気を持たなければなりません」

「私の生きている間に、この目標は実現できないかもしれません。しかし、たゆまぬ努力によって、大惨事が起きる可能性は減らすことができます。私たちは核の根絶につながる道筋を示すことができます」

一〇分経過、一二分経過……。数分間の「所感」という事前の情報だったが、スピーチは終わる気配がない。

ななめ後ろに立って控える安倍氏も、じっと聞き入っている。

大統領は語り続ける。

「私たちは遺伝情報によって、過去の間違いを繰り返す運命を定められているわけではありません」

「戦争をより遠いものにし、残虐な行為は受け入れられがたいような、異なる物語を私たちは子どもたちに伝えることができます」

「私たちはこうした物語を、ヒバクシャの中にみることができます。原爆を投下した爆撃機のパイロットを許した女性がいます。なぜなら、彼女は本当に憎いのは戦争そのものだと分かったからです」

オバマ大統領が口にした二度目の「ヒバクシャ」。兵庫県三木市に住む近藤紘子《こうこ》さん（七二）はそれと似た経験をした。近藤さんはこの日、大統領の演説を聞くため、広島に来ていた。

原爆投下時は生後八カ月。爆心地から一・一キロの自宅で、崩壊した家屋の下敷きになった。牧師だった父親は、原爆の熱線を浴びた少女らの体にできたケロイドの治療を米国で受けられるよう尽力した故・谷本清《たにもときよし》さん。少女たちは「原爆乙女」と呼ばれた。

近藤さんは、小学生のころに父がいる米国へ渡り、エノラ・ゲイの元乗組員に会った。怒りを込めてにらみつけると、元乗組員は目に涙を浮かべ、「神よ。我々はなんということをしたのか」と語り、少女らの治療費として、その場にいた父に小切手を渡した。「この人を殴っても広島の人たちは救われない」と思い、その手を握った。「手のぬくもりは六〇年たった今も感じることができます」。演説を聞き、思った。「時間がかかったけれど、何かが始まる気がします」

およそ一七分にわたったオバマ大統領の広島演説は、こう締めくくられた。

「世界はこの地で、永遠に変わってしまいました。しかし今日、この街の子どもたちは平和に暮らしています。なんて尊いことでしょうか。それは守る価値があり、すべての子どもたちに与える価値のあるものです」

「それは私たちが選ぶことのできる未来です。そして、その未来において、広島と長崎は、核戦争の夜明けではなく、私たち自身が道徳的に目覚めることの始まりとして知られるようになるでしょう」


「すばらしい」。公園内で聞いていた米カリフォルニア州在住の笹森恵子《しげこ》さん（八三）は、そうつぶやいた。「うれしかった。オバマさんはひとりの人間として来られたと思う」

笹森さんは広島の爆心地から一・五キロのところで被爆。顔や手に大やけどを負った。一九五五年、ケロイドの整形手術のために渡米した「原爆乙女」の一人だった。

演説に謝罪の言葉はなかったが、批判はしない。「求めるほうが違う。恨みつらみで平和は来ない」と思うから。

米国の学校で被爆体験の証言を続けてきた。「平和に尽くす人になってください」。そう呼びかける笹森さんの話を聞き、感動した高校生が「軍に入るのをやめる」と言ったこともある。「オバマさんも帰国後、広島で感じたことを伝え、アメリカ人の関心を高めてほしい」

演説では、日米の関係も強調した。

オバマ氏「米国と日本は同盟だけでなく、私たちの市民に、戦争を通じて得られるよりも、はるかに多くのものをもたらす友情を築いた」
安倍氏「日米両国の和解、そして信頼の友情の歴史に新たなページを刻むオバマ大統領の決断と勇気に対して心から敬意を表したい」

「被爆者は、あなたと一緒にがんばる」

その後、オバマ大統領は、招待席の最前列で聞いていた日本被団協の代表委員、坪井直さん（九二）に近づいた。坪井さんは左手で杖をついて立ち上がり、右手を差し出して握手をした。

「これからが大切なんですよ。来年一月に（大統領を）辞めても広島に来て、繰り返し見たり聴いたりしてください」

坪井さんは通訳を介して思いを伝える。オバマ大統領は一層強く手を握り、「ありがとう」と言葉を返した。

坪井さんは、大統領を見つめて言った。

「プラハのあれ（演説での約束）が残っとるはずじゃ。被爆者は、あなたと一緒にがんばる」

オバマ氏は、この日一番の笑顔を浮かべた。

続いて、広島の原爆で亡くなった米兵捕虜の研究を続けてきた被爆者の森重昭さん（七九）と握手した。

森さんの話にうなずきながら、最初はにこやかだった大統領。森さんは言葉を交わすうちに感極まり、目に涙がにじんだ。大統領の顔が悲しげな表情に変わる。

森さんが言葉に詰まったその瞬間、大統領が肩をそっと抱き寄せた。左手で背中をやさしくたたき、上下に何度もさする。

米大統領と被爆者のハグ――。その姿はＮＨＫや民放の生中継で全国に流れ、世界各地のメディアが配信した。ホワイトハウス同行記者は「a gentle hug（やさしい抱擁）」と表現した。

「温かい手だった。僕の調査を誰も評価してくれなかったけれど、努力が報われた気がした」。森さんはそう感想を語った。

坪井さん、森さんと対面したオバマ大統領と安倍首相。演説では日米同盟の絆も確認した。その後、日米首脳は原爆ドームの方向へ向かい、早足に歩き始めた。日本政府の説明では、こんなやりとりがあった。

オバマ氏「広島に来ることができて本当によかった」

安倍氏「今回の訪問は、核なき世界に向けた大きな一歩になることは間違いない」

オバマ氏「これからシンゾウと一緒にやるべきことがたくさんある。今日はあくまでスタートだ」

平和公園内にある被爆建物「レストハウス」の前に立ち止まり、元安川越しに原爆ドームを見つめるオバマ大統領。右側に岸田外相、左側に安倍首相が並んだ。広島選出の岸田氏が英語で原爆ドームの説明をした。

「一九一五年に建てられ、産業奨励館と呼ばれていました。かつては三階建てのヨーロッパ風の建物ということで、広島においては大変有名でした」「一九四五年八月六日、この上空の一七五ヤード南東で核兵器が炸裂しましたが、建物の骨格は奇跡的に残りました。九六年に世界遺産に登録されました」

ドームに向かって左手前に「原爆の子の像」が見える。空に手を広げる佐々木禎子さんがモデルとなった。岸田氏の説明をうなずきながら聞くオバマ大統領。最後に、こう言った。

「この一帯は、平和にとって大変重要な場所ですね」

岸田氏は、満足そうな表情を浮かべた。オバマ大統領は安倍首相と握手して肩をたたき、黒塗りの専用車に乗り込んだ。

午後六時一六分、大統領一行を乗せた車列が公園を出発した。オバマ大統領は後部座席で右手を挙げ、見送る安倍首相らに別れを告げた。

公園到着から五二分。「米大統領の歴史的な広島訪問」が終わった。核攻撃の承認に使う機密装置「核のボタン」を持つ軍人も広島から去った。

近藤さんや笹森さんら被爆者と交流してきたビーザーさんから、記者のスマートフォンに感想のメールが送られてきた。

《彼（オバマ氏）のスピーチを聴いて、お互いを見る目を変えなきゃいけないってことを再認識したよ。それぞれの国に独自の偏見があるってことを、自分自身が自覚しなきゃいけないんだ》

《過去に行われたことを受け入れて前に進み、報復の感情を乗り越えなきゃいけない。許し合って、歴史を忘れたり繰り返したりしないようにしなきゃいけないね》

《でも、被爆者をハグしたからって、核兵器廃絶どころか、それを近代化しようとしてきた彼の不名誉な記録や事実は変わらない。広島での美しいメッセージと矛盾しないような政策こそ必要なんだ》

それぞれの思い、それぞれの声

被爆地には、さまざまな反応が広がった。

日本被団協は式典後、原爆資料館で記者会見を開いた。坪井さん、森さんの二列後方に座っていたのが、長崎で被爆した事務局長の田中熙巳《てるみ》さん（八四）だった。終始、厳しい視線をオバマ大統領に投げかけていた。

演説について、田中さんは「広島であれだけの演説をしたというのは決して悪くなかった」と評価。ただ、「生きている間に核兵器の廃絶はできないかもしれない」と述べたことに苦言を呈した。「私たちは目の黒いうちに核廃絶をと主張してきた。一人ひとりが実現しなければいけないと自覚することが必要だ。がっかりした」

広島市の松井一實市長は「歴史的な出発点」と評価し、長崎市の田上富久市長も「プラハでの思いと変わっておらず、心を動かされた」と語った。

公園近くに足を運び、スマートフォンの画面に映る大統領を見ながら演説に耳を澄ました広島市の被爆者、森下弘《ひろむ》さん（八五）。「もっと踏み込んでほしかった」と残念がった。

森下さんは一九六四年、平和運動家らと渡米し、原爆投下を承認したトルーマン元大統領と面会。トルーマン氏は当時、淡々とした口調で「原爆で大勢の兵士の命が犠牲になるのを食い止められた」と語り、面会は短時間で終わったという。「謝罪の気持ちを聞けるかも」というわずかな思いがあったが、期待は外れた。森下さんは心情を書き留めたメモを今も手元に残す。

《もし質問ができるのだったら、皆、激しく憎んでいること（を伝えたい）。核戦争はいやだ》《原爆投下を決定した時、幼い命があることを考えなかったのか》

あれから五二年。それでも、米国の現職大統領が初めて被爆地を訪れたことが、「核の非人道性」への関心を高めることになると考える。「若い人たちが平和に関心を持ち、さまざまな立場の人たちが議論を交わす必要があります」

オバマ大統領が高校卒業まで学んだハワイのプナホー学園で日本語を教えてきた広島出身の元教師、ピーターソンひろみさん（六七）。真珠湾攻撃があったこの地で、被爆二世として暮らして四〇年以上。大統領と同じ空気を吸い、歴史的な瞬間を味わいたいと、広島に帰省していた。テレビの生中継で演説を聞き、誇らしく感じた。

「すべての戦争をなくすために自分たちが歴史を作るんだ、という決意を感じた。多様性を重んじるハワイで育ち、プラハ演説で核廃絶を掲げた者として、自分の心の整理のためにも広島に来たんでしょうね」

家族は爆心地から約二キロの自宅などで被爆。父は右半身に大やけどを負い、母と長姉も白血病で亡くなった。一九七一年、米国人と結婚してハワイに移住。学園の生徒たちに家族の被爆体験を伝えてきた。

その生徒たちと交流を続けてきた広島県福山市の盈進《えいしん》高校二年、作原愛理《さくはらあいり》さん（一七）は公園で演説を聞いた。「被爆者の肉声は、どんな本や新聞より核兵器の恐ろしさを伝える力がある。ぜひ聞いて」と大統領に手紙を送っていた。「戦争による被害を多角的にとらえていて感動しました」と興奮気味に話した。

演説を見届け、若い世代と将来への希望を確認した旅。ピーターソンさんは「『リメンバー・パール・ハーバー』、『ノーモア・ヒロシマ、ナガサキ』。日米が反目し合っていた時代は終わった」と感じた。

「満足していませんが、前進です」。韓国南部・陜川《ハプチョン》の被爆者団体代表の沈鎮泰《シムジンテ》さん（七三）はそう受け止めた。

陜川には約六二〇〇人の被爆者が暮らす。沈さんも二歳のとき、広島で被爆した。今回、オバマ大統領の訪問に合わせて来日した。公園内にある「韓国人原爆犠牲者慰霊碑」で追悼式を開き、オバマ大統領による韓国人慰霊碑への訪問と米国が原爆を投下したことへの謝罪を求めていた。

大統領は演説で韓国・朝鮮人の被爆者の犠牲にも触れたが、平和公園の中にある韓国人慰霊碑には足を向けなかった。沈さんは「韓国人被爆者の存在を世界に知らせてくれたことは評価したい。我々も「核なき世界」に向けて努力していく」と力を込めた。

原爆ドームの約五〇〇メートル北にある広島県立総合体育館。オバマ大統領が広島を発った後も、反核運動に取り組む広島の市民団体によるシンポジウムが夜にかけて続いた。公園に入れず、生中継のテレビで演説を聞いた参加者たち。訪問の歴史的意義を感じつつ、核兵器廃絶についての発言が「不十分」と不満の声をあげた。

「核投下が過ちだったと表明することが、核なき世界へのスタートと考えていた。期待は裏切られました」。核兵器廃絶をめざすヒロシマの会（ＨＡＮＷＡ）共同代表の森瀧春子さん（七七）はそう述べた。広島県被団協の初代理事長として被爆者運動を率いた故・森瀧市郎氏の次女だ。

原爆ドーム周辺でボランティアガイドをしている村上正晃さん（二三）は、演説冒頭の「死が空から降り、世界が変わった」という表現に違和感を覚えた。「爆弾が落とされて「死んだ」のではなく、「殺された」んです」

核兵器廃絶国際キャンペーン国際運営委員の川崎哲《あきら》さん（四七）。核兵器を大量保有する米国が参加しないまま、二月と五月にスイス・ジュネーブで開かれた国連の核軍縮作業部会に参加した。「不参加の米国と、米国を代弁して（核軍縮に）抵抗する日本の首脳が広島で「核なき世界をつくろう」とは。ジョークかとも思える」と皮肉った。

長崎の被爆者で、日本赤十字社長崎原爆病院名誉院長の朝長万左男《ともながまさお》さん（七二）。「核兵器禁止条約に向かう言葉がなかったのは残念。プラハ演説と現状にはギャップがある。その矛盾を克服するプロセスへの言及がないことに絶望した」

広島で被爆した日本被団協事務局次長の藤森俊希《としき》さん（七二）。プラハ演説で包括的核実験禁止条約（CTBT）批准などの具体的な課題をあげた一方、広島演説では核廃絶の具体的な道筋が示されなかった点に難色を示した。「オバマ大統領が自身の言葉に責任を持ち実行すれば、世界から核をなくすことはできる」

二〇一六・五・二七――。「核なき世界」へ歩み始める日にできるか、被爆地は世界に向かって問い続ける。

自分こそ、悲惨さを語る役目がある

クリフトン・トルーマン・ダニエル｜著述家

ロサンゼルスのホテルでオバマ氏の広島訪問の様子をテレビで見守りました。祖父ハリー・トルーマンは原爆投下を承認した大統領です。まさかアメリカの大統領が、広島を訪れる日が来るとは、と感慨深く思いました。オバマ氏の演説について、よりよい世界を作るため、言うべきことを言った。期待通りだったと思います。

私が原爆に関心を抱くようになったのは一七年前。広島で被爆後、白血病が治ると信じて千羽鶴を折り、一二歳で亡くなった佐々木禎子さんの物語の本を、一〇歳だった息子が学校から持って帰ってきたことがきっかけでした。

その縁で禎子さんの兄・雅弘さん（七四）と知り合い、現在は核の恐ろしさを共に訴え、家族ぐるみのつきあいが続いています。年内には、雅弘さんと次男の祐滋さんとともに、米国でＮＰＯを立ち上げます。平和への願いを講演などで伝えたり、日本の学生や教育者を招いたりして、米国の学生らと討論するイベントを開いていきます。

やはり社会を引き継いでいく子供たちの教育が大切だと思います。

祖父から原爆の話を聞いたことはありません。祖父は誇りですが、原爆による被害の悲惨さも事実です。孫の自分こそが、それを語る役目があると思っています。

二〇一二年八月に初めて広島を訪れ、平和記念式典に参列しました。被爆者に頼まれ、被爆者と面会することを促す手紙をオバマ氏に送りました。

翌年にも息子と一緒に広島を訪問して、二五人以上の被爆者を取材しました。現在は、その体験を元にした本を書いています。ほかにも、原爆の恐ろしさとともに、米兵と被爆者の間に芽生えた友情などをテーマにした絵本も、手がけています。実話を元にしたフィクションで、息子が絵を描いています。まだ出版のめどは立っていませんが、日本でも伝えられればと願っています。

アメリカでは、オバマ氏の広島訪問を「アメリカの弱さを見せている謝罪だ」と責める人がいますが、とても残念です。今回の訪問は、弱さではなく、人間としての優しさに基づいた、尊敬すべき行為だと考えます。

クリフトン・トルーマン・ダニエル
一九五七年、トルーマン大統領の一人娘のマーガレット・トルーマンと、ニューヨーク・タイムズ記者のエルバート・クリフトン・ダニエル・ジュニアの間に生まれる。アメリカの著述家。元新聞記者。

「子供の世代にどんな世界を残せるのか」

キャノン・ハーシー　ビジュアル・アーティスト

原爆の被害を描いたルポの『ヒロシマ』は一三歳の時に初めて読みましたが、執筆をした祖父のジョン・ハーシーが取材当時について話すことはあまりありませんでした。広島で見聞きしたことの衝撃も影響していたのかもしれません。私もその経験について聞かないまま、読んで数年後には祖父が亡くなりました。

しかし、自分に娘が生まれたこともあり、二年ほど前から「子供の世代にどんな世界を残せるのだろうか」ということを考えようと、祖父や家族のことについてもっと調べ、探る作業を始めました。祖父がイェール大に寄贈した書類を調べると、広島へ取材に行った当時の手紙やノートも残っていました。原爆が広島にもたらした被害という、それまで誰も話さず、明らかになっていなかった事実を発信すれば、世界に変化をもたらすことができると考えた一人の男性の記録でした。非常に強い内容でした。

私は二〇一五年に初めて日本を訪れ、広島、長崎と小倉で、日米の若手芸術家とともにワークショップを開きました。被爆者の方にも話を聞き、芸術作品を通してその体験を伝えるという試みです。私もビジュアル・アーティストとして活動しており、ワークショップを通じて人々とつながり、考えを共有することを大切にしています。

広島は、どんな困難が起きても、乗り越えていくことを可能にする人間の強さのシンボルでもあります。祖父が取材し、『ヒロシマ』でも描いた谷本清さんの娘の近藤紘子さんに会った時は、まるで昔からの友人に再会したようで、現在を生きている我々が、歴史や将来といかにつながっているかを痛感しました。今後も、同様のワークショップを開いていきたいと考えています。

オバマ大統領は広島で、核兵器廃絶に向けて取り組まなければならないと訴えましたが、本当に世界を変えるのはリーダーの言葉ではなく、人々の意識です。世界を変える力を持っているのは、我々一人ひとりなのです。私も、核兵器がいかに被害を起こし、この世界にあってはならないものであるのか、一人でも多くの人に知ってもらうため、行動を続けていこうと思っています。

キャノン・ハーシー
一九七七年生まれ。祖父のジョン・ハーシーは、一九四六年に米誌ニューヨーカーに掲載され、原爆投下による被害をいち早く世界に伝えたルポ『ヒロシマ』の筆者。ビジュアル・アーティスト。

「あれは、どうなったんですか」

山本モナ｜アナウンサー

「なぜ、アメリカの大統領は来ないんだろう」。夏休み中の登校日だった八月六日（広島原爆の日）。小学校のテレビで平和記念式典を見ていて、いつもそう思っていました。米国は原爆を落とした国なのに。

私は広島県尾道市で生まれました。祖父は山陽新聞（岡山市）の尾道支局の記者。原爆投下された翌日、応援要請を受けて広島市に入って被爆しました。その七年後、被爆のことを何も語らないまま亡くなりました。でも、私にとって原爆は「歴史の出来事」ではなく、自分とつながっていると感じて育ちました。

民放のテレビ局で記者をしていたとき、太平洋戦争で戦闘機に乗った人を取材しました。戦争に加担したという悔いからか、なかなか話さない。そんな中で開いた口から出た言葉はとても重かった。「二度と繰り返してはいけない」という強い信念を感じました。

日本も含めて、自分の国が戦争をした事実を歴史の中に吸収していく必要があります。そのためには、知ることが大切。オバマ大統領はそのことが分かっているから、広島に行くことにしたんでしょう。

だからこそ、言いたい。七年余り前、チェコのプラハで「核兵器のない世界をめざす」と訴えましたね。私はすばらしいと思いました。「あれは、どうなったんですか」と聞きたい。

ドイツは国を挙げて、ナチスの犯罪とユダヤ人迫害への補償に取り組みました。アメリカは一発の原子爆弾で多くの市民を殺傷した歴史の事実を検証する作業をきちんとしたでしょうか。無差別虐殺をした国のトップとして謝罪するべきです。そして「冷戦の遺物」として核兵器が拡散した現状をどうしたらいいのか、少なくとも自分の国のあり方を示してほしかった。

広島の見慣れた場所の風景の中にオバマ大統領が立ち、スピーチをしているのを見たとき、想像していた以上に、視覚的な違和感はありませんでした。

戦争は、確かに第二次世界大戦だけではなく、人類史上さんざん繰り返されてきたことで、悲惨な歴史を持つ場所も広島だけではない。犠牲者も原爆によるものだけではない。ただ、私はその悲惨な場面のひとつの間接的な当事者として、次の世代に伝えなければいけないことがあり、その責任があるのではと思っています。それは彼も同じだと思う。

核兵器を消滅させるために、この先、悲惨な犠牲者がでる事態が起きないように、それが不可能に思われても、ぜひ、残りの任期中、行動してほしい。アメリカの大統領という立場なら、たとえ任期が終わったとしても、できることはまだまだあると思います。

やまもと・もな

一九七六年、ノルウェー人の父と日本人の母の間に生まれる。九八年に朝日放送（大阪市）入社。アナウンサー、記者を経て二〇〇五年フリーに。二児の母。

第2章 広島への道　その理想と現実

冷戦終結を象徴するプラハ

オバマ米大統領の歴史的な広島訪問が実現するまでには、長い道のりがあった。

二〇〇九年四月五日。早春のチェコ・プラハの朝は、まだ肌寒かった。

だが、首都の中心部にあるプラハ城に面したフラッチャニ広場は、三カ月前に就任したばかりのオバマ大統領をひと目見ようとする人々であふれかえり、熱気に包まれていた。

プラハは、かつて旧ソビエト連邦の影響下にあり、一九六〇年代後半には「プラハの春」と呼ばれた民主化運動が弾圧された歴史を持つ。八九年の「東欧革命」の際には、旧チェコスロバキアの共産党支配も崩壊し、やがて、ソ連崩壊につながった。

オバマ氏が、「核兵器のない世界を目指す」と世界に訴える舞台として、東西冷戦の終結を象徴するプラハを選んだのには理由がある。

米国とソ連が核兵器の数を競うように増やした冷戦時代は過去の話になり、かつての「共産圏」であるプラハでオバマ氏が演説をするほどまでに国際情勢は大きく変化した。「東西冷戦」「米ソ冷戦」は終結しているのに、米国とロシアはなぜ、その「遺物」と言える核弾頭を今も合わせて一万数千発も持っているのか。

冷戦的な思考を脱却し、核廃絶に道筋をつけようと訴えるのに、プラハほどふさわしい場所はなかった。

プラハ演説の前半で、オバマ氏は、自分が生まれた一九六〇年代初頭と二〇〇九年の世界の変化について、こんなふうに述べている。

「私が生まれたとき、世界は分断されていて、各国は非常に異なる状況にさらされていました。私のような者がある日、米国の大統領になると予想した人はほとんどいなかったでしょう。米国の大統領がある日、このようにプラハの聴衆に向かって話すことが許されるようになると予想した人はほとんどいなかったでしょう。チェコ共和国が自由な国になり、北大西洋条約機構（NATO）の加盟国になり、統合された欧州のリーダーになると想像した人はほとんどいなかったはずです。そのような考えは夢として片付けられたでしょう。私たちが今日ここにいるのは「世界は変わらない」という声を無視した人が数多くいたからです」

イエス・ウィー・キャン

冷戦期、米国と旧ソ連は互いの首都などを狙うことができる射程の長い「戦略核兵器」と、射程の短い「戦術核兵器」を大量に配備してきた。公表はされていなかったが、その数は、ピーク時には、米ソを合わせて七万発あったとも言われる。

米ソは「戦略兵器削減条約」（ＳＴＡＲＴ）などで核軍縮を進めてきたが、プラハ演説が行われた時点でも、互いに二〇〇〇発以上の戦略核兵器を配備し、核弾頭の保有数もそれぞれ一万五〇〇〇発を超えていた。

核不拡散条約（ＮＰＴ）で保有を認められた米国、ロシア、英国、フランス、中国以外に、インド、パキスタン、イスラエルも核を保有。北朝鮮やイランの核開発もくすぶり続けていた。

特に北朝鮮は核開発を着々と進め、プラハ演説が始まる約六時間前に、核弾頭を運ぶ手段になり得る長距離弾道ミサイル「テポドン２」の改良型と見られる機体を発射。米国を挑発した。

こうした状況をふまえ、オバマ大統領はプラハ演説で次のように訴えた。

「数千もの核兵器の存在は東西冷戦の最も危険な遺産です。米国とソ連の間で核戦争が行われたことはありませんでしたが、世界がたった一つの閃光で消滅しうるという認識とともに数世代が生きてきました。数世紀ものあいだ存在し、人類の美と能力を体現してきたプラハのような都市が消滅する可能性もあったのです」

「今日、冷戦は終わりましたが、何千もの核兵器は消えていません。世界的な核戦争の脅威は減ったものの、核による攻撃の危険性は高まっています。核兵器を保有する国は増えました。核実験も続いています。核の秘密や核物質の闇市場での取引も数多い。兵器を作るための技術も拡散しました。テロリストは核兵器を購入、製造、または盗もうとしています。こうした危険を防ぐ我々の努力の中心は世界的な核不拡散体制ですが、ルールを破る国や人が増えるにつれ、この体制では制御できない時が来るかもしれません」

こう述べたうえで、オバマ氏は、「核なき世界」を目指す決意を語った。

「二〇世紀に自由のために立ち上がったように、二一世紀にすべての人が恐怖から自由に生きられる権利のために一緒に立ち上がらなければいけません。核保有国として、核兵器を使用したことがある唯一の核保有国として、米国は行動する道義的な責任を持っています。私たちは一カ国ではこの試みを成功させることはできませんが、先導することはでき、始めることはできます」

「だから今日、私ははっきりと、信念を持って、米国が核兵器のない平和で安全な世界を追求すると約束します。私は世間知らずではありません。ゴールにはすぐには到達できないでしょう。私が生きている間には恐らく無理かもしれません。忍耐と粘り強さが必要です。しかし今、私たちも、世界は変わることはできないという声を無視しなければいけません。私たちは主張しなければいけません、「イエス・ウィー・キャン」と」

新たな核軍縮条約

「核なき世界」という壮大な目標に向かうための大きな柱として、オバマ大統領はプラハ演説で、①核軍縮、②核不拡散体制の強化、③核テロ防止、を挙げた。

核軍縮では、ロシアとの間で第一次戦略兵器削減条約（ＳＴＡＲＴ１）の後継条約を二〇〇九年一二月までに結ぶ▽すべての核実験を禁じる包括的核実験禁止条約（ＣＴＢＴ）の批准実現に早急かつ意欲的に取り組む▽核兵器の原料となる兵器級核物質の生産を停止する新条約（カットオフ条約）交渉の妥結を目指す、などの考えを示した。

核兵器の不拡散をめぐっては、国際的な核査察体制の強化に加えて、北朝鮮やイランのような「ルール違反」の国への対応として、国連安保理に自動的に付託する措置など、罰則強化に取り組むとした。一方、原子力の民生利用促進のため、核燃料供給を肩代わりする国際的枠組みも提案した。

また、核テロの防止に向けて、四年以内に世界中の核物質の防護体制を確立することをめざすと表明。核物質や核兵器の関連部品などが非合法に取引される「核の闇市場」を撲滅するため、核管理に関する首脳級の国際会議（核保安サミット）を一年以内に主催する方針を明らかにした。

プラハ演説を受けての最初の大きな動きは、長らく停滞していた米国とロシアの核軍縮交渉の再開だった。

プラハ演説を四日後に控えた二〇〇九年四月一日、ロンドンでロシアのメドベージェフ大統領（当時）と初会談したオバマ氏は、二〇〇九年一二月に期限切れとなる第一次戦略兵器削減条約（ＳＴＡＲＴ１）の後継条約をこの年のうちに結ぶことで合意した。

同年七月には、就任後初めてロシアを訪問してメドベージェフ氏と会談し、新条約の内容について、配備する核弾頭の上限を一六七五～一五〇〇発、大陸間弾道ミサイル（ＩＣＢＭ）などの運搬手段も一一〇〇～五〇〇の範囲に減らすという方針を確認した。これまでのノウハウを生かして、弾頭数削減の検証手段を確立することも約束された。配備する核弾頭の上限数でＳＴＡＲＴ１（六〇〇〇発）やモスクワ条約（二二〇〇発）を下回る目標設定にこぎ着け、ミサイルなどについても削減目標を設定できたことで、後継条約の締結には大きな弾みがついた。

背景には、ブッシュ前政権（二〇〇一年～〇九年）の時代に、グルジア（現ジョージア）問題をめぐって冷え込んだ米ロ関係を「リセット（再構築）」させたいという、オバマ、メドベージェフ両氏の強い思いがあった。

七月の会談後の共同記者会見で、オバマ氏が「米ロは手本を示して核軍縮を主導しなければならない」と、二〇〇九年一二月までの締結に強い意欲を見せると、メドベージェフ氏も「米ロの協力は両国が必要とする水準に及んでいない」と、協力を強めていく姿勢を見せた。

年齢の近いオバマ、メドベージェフ両氏は、その後も国際会議などを利用して会談を重ねる。新たな条約づくりは、着々と進んでいった。

国連でも「核なき世界」

オバマ大統領が、プラハ演説で約束した米ロの新たな核軍縮に向けて動き出したことで、核不拡散や核テロに関する国際社会の取り組みにも弾みがついた。

この機運をさらに高めようと、オバマ氏は、大統領として初出席した二〇〇九年九月の国連総会でも、「核なき世界」を訴えた。

九月二四日には、国連安全保障理事会で「核不拡散と核軍縮」をテーマにした首脳会合を、オバマ氏が主宰した。国連の長い歴史の中で、「核」に絞った安保理首脳会合の開催は初めてだった。ニューヨークの国連本部で開かれた会合には、核不拡散条約（ＮＰＴ）で核兵器の保有が認められている米ロ英仏中五カ国すべての指導者が出席。議長国の米国が提起した

「核兵器のない世界」を目指す歴史的な決議を全会一致で採択した。

この決議には、爆発を伴う核実験の自制や、ＮＰＴの重要性の確認と加盟の促進、北朝鮮とイランに科された過去の制裁決議の再確認が盛り込まれた。米中両国がまだ批准していない包括的核実験禁止条約（ＣＴＢＴ）の署名・批准促進による早期発効も公約。翌年五月のＮＰＴ再検討会議での論議の前進を促した。議長を務めたオバマ氏は「この歴史的な決議は、核兵器のない世界という目的に向かって、我々が共有する公約を記したものだ」と宣言した。

オバマ氏は「今日、我々が採択した決議は核不拡散体制を強化する」と、全会一致による決議の意義を強調した。さらに、「障害がいかに大きくとも、地球上から核兵器がなくなる日まで我々は立ち止まってはならない」という故レーガン元米大統領の言葉を引用し、「核なき世界」に進んでいく強い決意を改めて示した。

プラハ演説や国連決議で約束したＣＴＢＴの早期発効にも、米国は具体的な動きを見せた。国連総会に合わせ、九月二四日から開かれたＣＴＢＴの発効促進会議に、米国代表としてクリントン国務長官（当時）を出席させたのだ。

大気中、地下、海中といったあらゆる空間での核実験を禁じるＣＴＢＴの発効には、核保有国を含む四四カ国の「発効要件国」の批准が必要だが、二〇〇九年当時はこのうち三五カ国しか批准していなかった（一五年六月時点の外務省の調べでは三六カ国）。

米国はクリントン政権期の一九九六年に署名したが、当時、CTBTに反対する共和党が多数を占めていた上院で否決されたため、批准はできなかった。ブッシュ前政権はCTBT不支持で、発効促進会議にも参加していなかった。

このため、隔年で開かれる同会議に米国代表が参加したのは、九九年以来一〇年ぶりだった。ヒラリー・クリントン氏は会議で「CTBTは我が国の核不拡散と核軍縮の不可欠な部分」と核廃絶を進めるオバマ政権の方針を説明。「今後数カ月、米上院に批准への同意を求めるとともに、条約発効に向けて（未批准の）他の国々にも働きかける」と語った。

オバマ氏にノーベル平和賞

「核なき世界」に向けたオバマ大統領の取り組みが、駆け足で進んでいた二〇〇九年一〇月九日早朝。米国は思いがけないニュースに揺れた。

オバマ氏のノーベル平和賞受賞だ。

「今朝は世界的なすばらしいニュースが入りました」

その日の朝、テレビのニュース番組の女性キャスターもさすがに興奮気味だった。CNNは「ノルウェーから驚きのニュースです」と繰り返し、「全く取りざたされていなかった」

と伝えた。

オバマ氏自身も米東部時間の一〇月九日午前六時前、ホワイトハウスのギブズ報道官からの電話で初めて受賞を知ったという。

サプライズ授賞を決定づけたのは、オバマ氏が「核なき世界」を訴えたことだった。

「これは行動への呼びかけ、二一世紀の共通する課題に直面しようという呼びかけだ」

ノーベル平和賞受賞を受けて、オバマ氏はそう語っている。

就任九カ月で、オバマ氏の業績はまだ未知数だった。しかし、プラハ演説から半年の間に、オバマ氏が米ロ核軍縮交渉や核不拡散体制の強化へ乗り出したことへの評価や、そうした路線を後押ししたいとの狙いが、受賞の背景として指摘された。

二〇〇九年一二月一〇日。オバマ氏はノルウェーの首都オスロの市庁舎で行われた授賞式で、「正義として持続する平和」と題した演説をした。

ガンジーやキング牧師といった先人が唱えた「非暴力」の理想を称賛し、「それを捨てることは人類の最善で倫理的な羅針盤を捨てることだ」と強調。「あるべき世界をめざそう」と呼びかけ、「核なき世界」を追求することは「急務だ」と語った。

オバマ氏が「プラハ演説」で生み出した核軍縮や核不拡散の機運は、演説から約一年後の二〇一〇年春に、再び大きな盛り上がりを見せた。

その第一弾が、四月にワシントンで開かれた「核保安サミット」だ。

核物質がテロ組織の手に渡るのを防ぐため、「核の闇市場」を撲滅し、テロリストの核攻撃を防ぐ国際的な体制づくりを世界の首脳たちと話し合うというのが、このサミットの目的だ。

二〇〇一年九月の米同時多発テロを受けて、核テロ対策にはブッシュ前政権も力を入れた。しかし、核軍縮に後ろ向きだったことから、国際的な協調体制づくりは必ずしもうまくいかなかった。オバマ氏は米国自らが核軍縮を「有言実行」することで、核テロ対策での指導力発揮を狙った。

ブッシュ前政権とは正反対とも映るこのやり方は奏功し、サミットには、NPTで核保有を認められた米国、ロシア、英国、フランス、中国を含む四七カ国から、首脳らが出席した。ロシアのメドベージェフ大統領、中国の胡錦濤国家主席もワシントン入りした。

サミットで採択された共同声明は、核テロを「国際安全保障に対する最も挑戦的な脅威」と位置づけ、核物質の管理体制を二〇一〇年からの四年以内に確立するとの目標をはっきりと示した。核物質の管理能力を向上させるため、日本や中国に研修機関を設立するなどの行動計画もまとめ、第二回のサミットを二年後の一二年に韓国で開くことも決めた。

共同声明や行動計画以外にも、ウクライナやメキシコによる高濃縮ウランの放棄、ロシアのプルトニウム抽出施設閉鎖など、参加各国はサミットに合わせて、核テロ防止に向けた取り組みへの前向きな姿勢を見せた。

閉会後に記者会見したオバマ氏は、「各国と国際社会が取る措置によって、米国民も世界もより安全になる」「核物質の防護措置は、核のない平和で安全な世界を目指すという大きな努力の一部だ」と誇らしげに語った。

米国の新たな核政策発表

二〇〇九年一二月まで、という当初の目標からは遅れたものの、米国とロシアが交渉してきた新たな核軍縮条約も、この春に合意にこぎつけた。

新条約は「新戦略兵器削減条約」(新START)と名付けられ、米ロの協力による核軍縮の新たな幕開けを象徴するかのようだった。

オバマ、メドベージェフ両大統領による署名式は、プラハで演説からほぼ一年後の二〇一〇年四月八日、プラハ演説の会場だったフラッチャニ広場を望むプラハ城で執り行われた。

条約は米ロ双方が配備する戦略核弾頭の上限を各一五五〇発まで、大陸間弾道ミサイルなどの核弾頭の運搬手段については配備を各七〇〇まで、未配備も含めた総計は各八〇〇までと定めた。削減状況の相互検証や査察も義務づけた。発効後一〇年有効で、発効から七年以内に削減を達成する義務がある。

オバマ政権は、新ＳＴＡＲＴが、一九九一年のＳＴＡＲＴ１以来と言える実効性を持つ核軍縮条約だとして、「この二〇年ほどで最も包括的な核軍縮条約」と自賛した。ロシア大統領府によると、メドベージェフ大統領はオバマ氏との会談で「新条約には両国の利益が均等に反映されている」と述べたという。

ただし「核ゼロ」にはまだ遠いこともふまえ、オバマ氏は署名の後、「新条約は重要な前進だが、より長い旅路のほんの一歩にすぎない。この条約はさらなる削減へのおぜん立てにすぎない」とも述べた。

核軍縮の専門家らは、米ロが、より本格的な核兵器削減につながる条約に向けて、交渉を続けることを期待した。

新ＳＴＡＲＴの合意は、「核兵器の役割を縮小する」というオバマ氏の約束を実現させる上で、追い風となった。

新ＳＴＡＲＴの署名を控えた二〇一〇年四月五日、オバマ氏は、核兵器を持たない国に対し核攻撃をしない方針を、米紙ニューヨーク・タイムズとのインタビューで明らかにした。これは、「核なき世界」に向けて、安全保障上の核兵器の役割を縮小するという、米国の大きな方針転換を意味した。同紙によると、オバマ氏は、核不拡散条約（ＮＰＴ）を順守する核兵器の非保有国に対しては、生物・化学兵器による攻撃やサイバー攻撃を受けた場合でも、核兵器による報復攻撃を原則としてしないと明言。核兵器使用の条件を明らかにしない「あいまい政策」をとってきた米国が、使用条件を限定するのは初めてだった。

オバマ氏は核の役割縮小を決断した理由について、「核兵器を重視しない方向に動き続けることを確かにしたかった」と述べた。また「極限の状況以外では、米国の通常兵器の攻撃能力は効果的な抑止力を発揮できる」とし、核兵器の削減や役割の低下を、通常兵器で補う考えを示した。

翌六日に発表された米国の「核戦略見直し（ＮＰＲ）」には、こうした方針が盛り込まれた。ＮＰＲについては、ゲーツ国防長官、クリントン国務長官（いずれも当時）がそろって記者会見し、核兵器の拡散と核テロという現実の脅威に対処するため、核政策を従来とは大幅に変えたことを明らかにした。

ゲーツ氏は「核のない世界という長期目標に向けて、米国が核の役割と数をいかに縮小するかを示した」と述べ、核不拡散と核テロ防止▽安全保障上の核の役割の縮小▽少ない核戦力での抑止力維持▽同盟国への抑止力の保証▽安全で効率的な核兵器の維持、の五つを新政策の主な目的に掲げた。新たな核弾頭を開発しない方針も強調し、開発に迫られた場合は大統領の承認が必要になるという運用方針を明らかにした。また、保管中の核や未配備の核の削減について問われ、「今後、核軍縮で扱うべき課題だ」との見解を示した。

一方、クリントン氏は「核戦力の変革のうえで画期的なものだ」とし、核不拡散条約（NPT）を順守する非核保有国に対し、米国が核攻撃をしない方針を示した点を強調した。

新STARTが合意に至り、オバマ政権がプラハ演説での約束に従って、米国の戦略上の核兵器の役割を縮小させたことは、この春にニューヨークで開かれた核不拡散条約（NPT）再検討会議にも、好影響をもたらした。

五年に一度開かれるこの会議では、NPTの実効性を維持・強化することを目的に、加盟国が具体的な計画を話し合う。全会一致の最終文書を出せるかどうかが、会議の成否を決める。

米国がブッシュ前政権下にあった二〇〇五年の再検討会議では、文書を出せずに決裂し、閉幕した。一九七〇年発効のNPTは米国、ロシア、英国、フランス、中国の核保有国に核軍縮を義務づける一方、「非核国」であるその他の国には、核兵器保有を禁じている。しかし、〇五年当時は、ブッシュ政権下の米国を含む保有国の核軍縮努力が停滞していることに、非保有国が不満を強め、保有国と一部の非保有国の対立が深まっていた。

こうした対立は、二〇一〇年の会議でも見られたが、最終的には、核廃絶への具体的措置を含む六四項目の行動計画を盛り込んだ文書が全会一致で採択された。

再検討会議で一〇年ぶりに採択されたこの文書は、期限は示していないものの、「核なき世界」の実現を目的に掲げ、「核兵器禁止条約」構想にも言及した。北朝鮮の核開発についても、核兵器を持つ国を増やさない体制への重大な挑戦であることを確認。六者協議で約束した非核化の義務を完全に果たすよう求めた。

中間選挙敗退とアラブの春

だが、オバマ大統領就任から約一年半の間に高まった「核なき世界」への機運は、NPT再検討会議が閉幕して以降、少しずつしぼんでいった。

二〇一〇年一一月には、米国で連邦議会上下両院の議員を改選する中間選挙（上院は約三分の一の議員を改選）があった。この中間選挙では、草の根保守を自認する「ティーパーティー」（茶会）という政治運動が大きなブームとなり、保守的な共和党議員らの躍進を後押しした。

その結果、選挙ではオバマ氏と同じ民主党の議員たちが苦戦し、下院（定数四三五）は共和党が多数派となった。共和党は上院でも躍進した。上院の承認が必要なＣＴＢＴ批准やロシアとのさらなる核軍縮条約は難しくなると指摘された。

年が明け一一年になると、「アラブの春」と呼ばれる民主化運動の嵐が中東に吹き荒れた。米国が中東外交の「礎石」としてきたエジプトでは、親米のムバラク大統領が失脚した。リビアのカダフィ政権、チュニジアのベンアリ政権も倒れた。

シリアではアサド政権と、同政権打倒を目指す勢力との武力衝突が激しくなり、内戦状態に陥った。

オバマ政権は強権的なアサド政権を批判し、反アサド勢力を支持したが、その結果、アサド政権を支えるロシアとの対立を深めていくことになる。

二〇一〇年一二月に米議会上院で承認された米ロの新ＳＴＡＲＴは、一一年二月に発効した。しかし、オバマ氏が考えていた「さらなる削減に向けた次の条約」について、ロシアとの話し合いをすぐに始められるような雰囲気は失われつつあった。

米国とロシアでともに大統領選のあった二〇一二年は、「核のない世界」をめぐる政策の停滞ぶりがさらに目立った。

オバマ氏は、この年の二月にロシアとの次の核軍縮交渉に入るはずだったが、その見通しはまったく立たなくなっていた。

新ＳＴＡＲＴの交渉を担ったロシア通のゴットメラー米国務次官補（当時）も、「交渉は簡単ではない。多くの課題に取り組んでいる」と語るしかない状況だった。

ロシアで三月に行われた大統領選で、米国に強い姿勢で臨んできたプーチン氏が大統領に返り咲き、米ロの新たな核軍縮交渉への期待はさらにしぼんだ。

この月、オバマ氏は、ソウルで開かれた二回目の核保安サミットに出席した。「核のない世界」を目指すことを再確認し、新ＳＴＡＲＴで定められた一五五〇という配備核弾頭を「さらに削減できる」と明言した。プーチン氏のロシアとの間で、戦略核兵器だけでなく、射程の短い戦術核や保管中の核の削減についても交渉すると表明した。

冷え込む米ロ関係

オバマ大統領がロシアのメドベージェフ大統領との間で新戦略兵器削減条約（新ＳＴＡＲＴ）の締結にこぎつけた背景には、ブッシュ米政権時代に悪化したロシアとの関係が「リセット」されたことがあった。やはり良好な関係がないと、核軍縮交渉は進まない。

しかし、二〇一二年五月にプーチン氏がロシア大統領に復帰すると、次第に米ロ関係は変質していく。

就任直後に米ワシントン郊外の保養地キャンプデービッドで開かれた主要国首脳会議（G8サミット）を、プーチン大統領はいきなり欠席した。最初の外遊先が米国になるのを避けるというこの行動は、ソ連崩壊後の混乱からようやく国力を回復させたロシアが、欧米諸国にアクションを起こしていく予兆でもあった。

シリア内戦が激しさを増すなかで、シリア情勢への国際社会の関心が高まり、オバマ氏とプーチン氏は、首脳会談の時間の多くを、シリアへの対応に割くようになった。

二〇一二年六月、主要二〇カ国・地域（G20）首脳会議の開催地メキシコ・ロスカボスで会談したオバマ氏とプーチン氏は、約二時間に及んだ会談の約三分の一を、深刻化するシリア情勢に関する話し合いに費やした。

だが、オバマ政権をはじめとする欧米各国政府が、アサド大統領の退陣を求めたのに対し、ロシアはアサド政権の存続を前提に、武力衝突の即時終結や民主的な政治プロセスの必要性を訴えるばかり。広がりつつある米ロの溝を物語る会談になった。

オバマ氏も、再選をかけた二〇一二年一一月の大統領選の選挙戦では、「核兵器のない世界」に関する発言をほとんどしなくなった。

同年九月に発表された民主党の政策綱領には、オバマ政権は二期目にも核軍縮をさらに進めると明記された。このころ、核軍縮を担当する米政府高官は「オバマ大統領は、戦略核兵器以外の核兵器や保管中の核兵器も減らす意向だ。今、ロシアとの交渉の土台となる対話に取り組んでいる」と語った。だが、この問題への世論の関心は低いうえ、ロシアとの交渉が停滞していたため、オバマ氏は再選を果たしたものの、核軍縮の見通しを示さずに選挙戦を終えた。

ベルリン演説で「一〇〇〇発」

オバマ大統領が「核なき世界」の機運を再び盛り上げようとしたのは、二期目に入って五カ月がたった二〇一三年六月一九日のことだ。

東西冷戦の終結を象徴するベルリンのブランデンブルク門前で演説し、ロシアとの新戦略兵器削減条約（新ＳＴＡＲＴ）で定められた戦略核弾頭の配備数を、さらに三分の一減らして、将来的には一〇〇〇発程度にするという新たな方針を明らかにしたのだ。

停滞する「核なき世界」を再び活性化するため、ロシアのプーチン政権との間で、さらなる削減に向けた交渉を早急に始めたい意向も示した。

「正義を伴う平和」をテーマにしたこの演説で、オバマ氏は「核兵器がある限り、私たちは真に安全とは言えない」と強調した。そのうえで、「どんなに遠い夢だとしても、核なき世界を目指す」と語った。

演説で示された新指針は、米国が配備する戦略核の数を、ロシアとの新ＳＴＡＲＴで定めた上限の一五五〇発より「最大で三分の一減らす」とし、「ロシアとの交渉に基づく削減を追求する」とした。この目標が実現すれば、米ロが配備する核弾頭数は一〇〇〇～一一〇〇発程度にまで減るはずだった。

ベルリンは、一九六三年に、オバマ氏が敬愛するケネディ元米大統領（故人）が歴史的な演説をした場所でもある。新たな決意を世界に表明する場としてベルリンを選んだことで、オバマ氏は、核軍縮の機運を再び高めようとした。

だが、オバマ氏の呼びかけに、ロシアのプーチン氏は応じる姿勢を見せなかった。

オバマ氏とプーチン氏は、ベルリン演説直前の六月一七日、主要国首脳会議（Ｇ８サミット）開催地の北アイルランドで会談したが、議題はシリア内戦への対応が中心だった。アサド大統領の退陣をめぐる米国とロシアの立場の違いも埋まらなかった。

ローズ米大統領副補佐官は会談後の記者会見で、「米国は、シリアの政権移行はアサド氏が権力を退く形で進展せねばならないと考えており、この点で我々（米ロ）の立場は異なったままだ」と説明した。米政府がアサド政権の化学兵器使用を断定したことをめぐっても、ロシアは懐疑的な姿勢を崩さなかったようだ。

オバマ氏は会談で、核兵器の超大国として米ロが核軍縮に取り組むべきだとの考えを表明したが、プーチン氏からは前向きな回答は得られなかったとされる。オバマ氏とプーチン氏は、九月初めにモスクワで会談することを約束したものの、核軍縮に関しては具体的な前進がないまま、会談を終えた。

その後、米国とロシアの関係は、改善に向かうどころか、さらに悪化の一途をたどっていく。

二〇一三年八月には、米ホワイトハウスが、九月に予定されていたオバマ氏のロシア訪問とプーチン氏との首脳会談を中止すると発表した。

カーニー米大統領報道官名の声明は「二国間の課題について、九月に首脳会談を開くほどの十分な進展がない」と理由を説明したが、最大の理由は別にあった。

米中央情報局（ＣＩＡ）元職員のエドワード・スノーデン容疑者の一時的な亡命を、ロシアが認めたことだ。

スノーデン容疑者は、米国家情報局（ＮＳＡ）の職員として入手した情報を、内部告発サイト「ウィキリークス」に提供した疑いで、米政府に指名手配されていた。オバマ氏はロシアにスノーデン容疑者の身柄引き渡しを求めていたが、ロシアはこれを無視して、亡命を認めたのだ。オバマ氏は首脳会談中止の発表直前、「ロシアとは伝統的に犯罪者の引き渡しで協力してきたのに、がっかりした」と、テレビ番組でロシアの決定を改めて批判していた。

首脳会談の中止というオバマ政権の決定に、ロシアのウシャコフ大統領補佐官（外交担当）は、「失望した」と発言。「スノーデン元職員をめぐる状況は我々が作り出したものではない」と指摘して、逆に米側を責めた。

ウクライナ問題でロシアをG8から排除

かつてのソ連構成国の一つで、ロシアにとっては「裏庭」であり、西側との「緩衝地帯」でもあるウクライナ。一九八九年の東西冷戦終結後、西側の軍事同盟である北大西洋条約機構（NATO）が東欧諸国や旧ソ連・バルト三国などをのみ込んで「東方拡大」していく中で、ウクライナは欧米とロシアの綱引きの場となった。

そのウクライナで二〇一三年一一月以降、欧州連合（EU）との連合協定を棚上げしたヤヌコビッチ大統領に抗議するデモが広がり、翌一四年に入って騒乱の中で大統領は逃亡した。ロシアは同年三月、ロシア系住民の多いクリミア半島を一方的に併合し、その後も、ウクライナ東部で親ロシア派とウクライナ政府軍の戦闘が激化していく。このウクライナ危機が、主要国（G8）首脳会議からロシアを排除する動きにつながる。

「今日、ロシアの行動が深刻な結果をもたらすことを改めて確認した」日米など主要7カ国（G7）は二〇一四年三月下旬に「ハーグ宣言」を採択し、そう主張した。首脳らはG8からのロシア排除で合意。米国が進める「ロシア孤立化」に足並みを揃えた。

米国は、ロシアが二月末にクリミア半島で軍事行動を始めた直後から、制裁の切り札としてG8に狙いを定めていた。ソ連崩壊後、先進国とは言えなかったロシアが一九九七年にG8に本格参加し、国際社会で一定の実績を積み上げてきたが、G8体制はこれで終焉を迎えた。

ロシアの孤立化に伴って激しさを増してきたのが、核をめぐるプーチン大統領の発言である。二〇一四年八月にセリゲルで開かれた若者フォーラムで、「ロシアは最も強力な核大国の一つだ」「軍事紛争で我々にかかわらない方がよい」「核戦力を強化する」「これは本当だ。単なる口先だけではない」などと発言し、波紋を呼んだ。

かつてはソ連陣営に加わりながら現在はNATO加盟国のポーランドのメディアは、「プーチンは中東欧への核攻撃を準備している」「標的はワルシャワ。その次はリトアニアの首都ビリニュス」などと反応した。

そして二〇一五年三月には、国営テレビによるインタビューで、核兵器を使用する準備はできていたとの発言をし、世界のメディアに衝撃が走った。インタビューの詳細は以下の通りだ。

——西側指導者との会談で、彼らが軍事的手段で介入してこないと分かっていたのか？

プーチン氏「もちろんノーだ。これはすぐに分かることではないはずだ。だからこそ、私はすぐに最初のステップとして、しかるべき方法で我々の軍に指示しなければならなかった。そして、単に指示するだけでなく、どんな事態になっても、ロシア軍のとりうるべき行動について直接命令を下さなければならなかった」

——つまりそれは、核戦力についても戦闘準備の状態に入っていたということか？

プーチン氏「我々は、それをする用意（準備）はできていた。私は首脳たちと話をし、直接こう伝えた。今話しているように開けっぴろげに、これ（クリミア）は歴史的な領土だ、そこにはロシア人が住んでいると。彼ら（ロシア人）は危険な状態にある。我々はそれを放っておくことはできない。我々はクーデターをしたわけではない。それはナショナリストと極右がしたことだ」

欧米への反発を強め、「核大国」であることをちらつかせる。

プーチン大統領の言動の根底にあるものは何なのか。森喜朗元首相が二〇一四年九月、モスクワで開かれた日ロフォーラムで、大統領就任まもないプーチン氏が〇〇年に訪日した際に発言した内容を明かしている。以下はプーチン氏が当時の森首相に語ったという言葉だ。

「ロシアは自由、民主主義、法の支配、アメリカや日本と同じような価値観を持つ国に変わった。そしてポーランドやチェコやハンガリーを解放した。彼らはそれぞれEUに入った。それは経済行為であり、私も認めるところだ。しかし、なぜこれらの解放された国々がNATOに入るのか。NATOはソ連を包囲する米国、カナダとヨーロッパの軍事同盟だ。ソ連がロシアに戻って、西側の皆さんと同じような価値観をもった。それなのに、なぜNATOが必要なんだろうか」

この意識は、現在に至るまでプーチン大統領の行動原理に反映されているはずである。米ロのさらなる核軍縮は、突破口が見えにくい状況が続いている。

「人類共同体」という視点

入江昭　歴史学者

オバマ大統領の演説は、ラジオで肉声を聞きました。オバマ氏は以前から、全世界、全人類という視点を強く意識している人だと思っていましたが、今回の演説もグローバルな指導者として「人類共同体」を強調したものでした。

演説の中では、「人類史における戦争」という流れの中で、原爆投下を文明に対する悲劇と位置づけていました。

例えば、演説の前半でオバマ氏は、「世界大戦を戦った国々では、思想家たちが正義や調和の考えを生み出していた。それにもかかわらず、新しい技術が制約を取り去り、過去と同様の争いが引き起こされてしまった」という趣旨のことを述べています。

これは、国家間の紛争という限定した視点から離れ、人類全体を俯瞰した言葉です。

また後段では、広島の家族、子どもについて触れ、それを世界すべての子どもたちの将来に結びつけていました。

「原爆は核戦争の夜明けではなく、道徳的目覚めの始まり」という言葉で演説を締めておいて、グローバルという横軸と、歴史という縦軸を示して、日米だけでなく他の国の人々にも説得力のある内容となっています。

米大統領の広島訪問は、狭い日米関係だけにとらわれると、原爆投下についての謝罪の有無が両国で問題になってしまう。また、逆に日本による真珠湾攻撃の責任も持ち出され、国家のメンツやナショナリズムを刺激しかねない。

その点、オバマ氏の言葉は、アメリカの行為を正当化することもなく、あくまでグローバルな歴史観に基づいて、「悲劇を繰り返さない」という点に力点を置いた彼らしいものでした。日本もアメリカも同じ人類の運命を共有しているのだという観点が貫かれており、国益主義にとらわれない姿勢を示しました。

今回の演説の内容なら、アメリカの保守派を刺激することはないでしょう。日本側も「広島に原爆を落とした国の大統領が来た」ということだけにとらわれず、国際社会の中での意義を受け止めてほしい。現代では、国家のみを通して理解できることはあまりに少ない。

折しもアメリカでは、歴史の知識を持たず、内向きに自国のことしか考えないドナルド・トランプ氏という大統領候補が登場しています。このタイミングでアメリカの大統領が広島を訪問し、世界に目を向けるよう促したのはたいへん重要だと考えます。

アメリカでは今も、高齢の戦争体験者を中心に、「原爆が戦争を早く終わらせた」と考える人が少なくありません。

同時に、若い世代からは、第二次世界大戦についての知識も関心も薄れています。アメリカの高校で使われる歴史教科書について比較調査するプロジェクトに参加したことがありますが、広島への原爆投下についてあまりに記述が少ないので驚き、もっと教えるべきだと提言したおぼえがあります。

今回の演説は、日米だけでなく、全世界に強いインスピレーションを与えたでしょう。オバマ政権の八年間で実際に実現したことは少ないかもしれませんが、人類史におけるアメリカという方向性を強く打ち出したという点で、歴史に残る大統領だと思います。グローバルな視点を持ち続けたという意味では、J・F・ケネディ大統領を超えるのではないでしょうか。

彼に続くような指導者が各国から出てきてほしいと願っています。

いりえ・あきら
一九三四年生まれ、米ハーバード大学名誉教授。高校卒業後に渡米。シカゴ大、ハーバード大の教授を歴任。歴史学者（米国外交史、国際関係史）、元アメリカ歴史学会会長。近著に『歴史家が見る現代世界』。

第3章
被爆国・日本、原爆投下国・アメリカ

投下直後は世論の圧倒的支持

「日本を降伏に追い込み、第二次世界大戦を終わらせた行為」

広島と長崎への原爆投下について、米国では長年こう評価されてきた。多数の犠牲者が予測された日本への上陸作戦を回避し、「多くの米兵の命を救った」という位置づけ。世論調査でも多数が支持してきた。

オバマ氏の広島訪問にあたって、ホワイトハウスが「謝罪はしない」と繰り返したのも、米国内のこうした世論を考慮してのことだった。

原爆投下直後の一九四五年八月、米国のギャラップ社が実施した世論調査では、八五％が「Approve（支持する）」と答え、「Disapprove（支持しない）」の一〇％を大きく上回った。調査の大半はまだ戦争が続いている中で行われており、敵国に対する新兵器の使用が世論の圧倒的な支持を受けたともいえる。

しかし、原爆の被害の実態が明らかになるにつれ、米国内の世論も変化し始めた。特に影響が大きかったのは、一九四六年八月にニューヨーカー誌に発表されたジョン・ハーシー氏のルポ「ヒロシマ」だとされる。六人の被爆者の経験を通じて、原爆投下直後の状況を詳細に描いた文章だ。同誌のほぼ全ページを割いて掲載するという異例の判断について、編集部は「私たちの少数しか、この兵器の信じがたいまでの破壊力を理解しておらず、すべての人たちが、その使用が示す恐ろしさを考えるために時間を割くべきだという信念からだ」と説明した。雑誌はたちまち売り切れ、記事は全米のラジオで朗読されたほか、各地の新聞に抜粋が掲載された。そして、この年には本として出版されるなど、反響が広まった。

原爆の製造と投下につながった「マンハッタン計画」を率いた物理学者のロバート・オッペンハイマー氏からも、投下についての疑問の声が上がるようになった。一九四五年にハリー・トルーマン大統領と面会した際、「私の手が血で染まっているように思える」と発言したとされるオッペンハイマー氏は、翌年に「実質的に敗北していた敵に対して原爆を使用した」と「Bulletin of the Atomic Scientists」（「原子科学者会報」）に記した。さらに将来の戦争でも核兵器が使われる可能性を懸念した。

一方、原爆の使用の正当性を主張する論陣もあった。ヘンリー・スティムソン元陸軍長官は、米誌「ハーパーズ」（一九四七年二月号）に、「原爆を使うという決断」と題した論文を寄稿し、政府の立場を説明した。その記事でスティムソン氏は、日本軍は一貫して降伏せず、争う姿勢をとり続けていたのであり、日本への上陸作戦が敢行されたら、主要な戦闘が四六年の後半まで続き、「米軍だけで一〇〇万人以上の犠牲者」が想定され、日本側にははるかに多い死傷者が出ただろうと主張した。原爆投下が多くの被害をもたらしたと認めながらも、戦争を終わらせるための「最もひどくない選択肢だった」と述べた。

原爆の被害と、使用の正当性をめぐる米国内の議論の構図は、このころから基本的に変わっていない。一九九〇年になって、ギャラップ社が再び世論調査を実施した時には、「支持する」は五三%まで減っていたものの、「支持しない」の四一%を上回っただけでなく、過半数を維持していた。戦後五〇年にあたる九五年の調査では「支持する」が五九%、「支持しない」が三五%だった。

エノラ・ゲイ論争

同じころ、原爆をめぐる米国内の世論の厳しさを象徴する出来事があった。広島に原爆を投下したB29爆撃機の「エノラ・ゲイ」の機体を、ワシントンのスミソニアン航空宇宙博物館に展示する計画が、原爆投下をどのようにとらえるかの論争にまで発展したのだ。

エノラ・ゲイの復元と展示は、もともと退役軍人らが求めてきたことだった。航空宇宙博物館のマーティン・ハーウィット館長らは、原爆の被害についても展示すべきだと考え、広島、長崎両市と被爆資料の提供などについて交渉をしていた。宇宙物理学者出身のハーウィット氏は、米陸軍に所属していた一九五五年、マーシャル諸島での水爆実験に立ち会い、島の半分が消える様子を見ていた。後に「恐怖に満ちた圧倒的な衝撃を受けた」と語るように、核兵器の威力を自ら経験していたことも展示案に影響していた。

ところが、一九九四年に展示案が明らかになると、米国内で大きな反発が起きた。「多くの米国人にとっては、ドイツやイタリアとの戦争と根本的に異なり、復讐の戦争だった。多くの日本人にとっては、西洋の帝国主義から自分たちの独自の文化を守る戦争だった」という太平洋戦争に関する説明文が特に問題となり、被爆者の大きな写真の展示にも注目が集まった。

退役軍人らの団体は「米国を一方的な加害者、日本を被害者と位置づけている」と抗議を始めた。米議会でも抗議への賛同者が増え、一九九五年一月に展示案は白紙撤回された。混乱の責任を取る形で、ハーウィット氏も辞任させられた。

結局、エノラ・ゲイは原爆の被害についての説明がないまま、機体の一部が九五年夏から展示された。二〇〇三年からは、ワシントン郊外の分館で機体全体が展示されているが、今でも原爆の被害については記されていない。

戦後七〇年となる二〇一五年、ピュー・リサーチセンターが日本への原爆使用について「Justified（正当な理由があった）」と考えるかどうかを聞いたところ、米国の回答者の五六％

スミソニアン航空宇宙博物館の分館に展示されている「エノラ・ゲイ」＝米バージニア州シャンティリー〔2016年5月2日撮影〕朝日新聞社撮影

が「正当な理由があった」を選択し、「なかった」は三四％にとどまるなど、米国の世論はその後も大きく動いていない。

だが、年代や支持政党によって変化の兆しがみられる。

六五歳以上の米国人の七割が「正当な理由があった」と答えたのに対し、一八歳から二九歳は四七％にとどまった。また、共和党支持者は七四％が原爆使用を支持し、民主党支持者は五二％だった。こうしたなか、原爆被害とどのように向き合うべきかについて、米国でも改めて議論が起きている。

マンハッタン計画に使用された場所の多くは、戦後も核兵器の開発などに利用されたが、古い建物の多くは既に取り壊されている。二〇〇〇年代に入ってから、現存する建物を保存して国立公園にすべきだという運動が起き、一四年末には公園に指定する法律が成立した。この結果、マンハッタン計画の本部などがあったニューメキシコ州ロスアラモス、広島に投下された原爆に用いられた濃縮ウランを製造した施設があったテネシー州オークリッジ、長崎に投下された原爆で使われたプルトニウムを製造したワシントン州ハンフォードの三カ所にある建物などが公園の指定を受け、国立公園局が展示の準備を始めている。

国立公園になったことを受けて、広島や長崎からは「原爆の称賛につながるのではないか」と懸念の声も上がった。国立公園局は二〇一五年夏に公表した文書で、公園の目的を

「原爆を称賛することではなく、マンハッタン計画の歴史と遺産について、一般の人々に教えること」と説明した。同年六月にはジョナサン・ジャビス局長も「公園には被爆資料を常設展示したい」という意向を明らかにした。

同年一一月には、国立公園として正式に成立させるため、サリー・ジュエル内務長官とアーネスト・モニツ・エネルギー長官が署名式を行った。その場でジュエル氏は、「マンハッタン計画と、日本の二都市に対する原爆投下は歴史上有数の戦いの終わりを示すと同時に、ひどい被害をもたらした」と発言した。同氏の義母が戦中にフィリピンで看護師として働き、原爆投下後の長崎と広島にも行って被爆者の看病をしたことも紹介しながら、「行動には結果が伴う。国立公園局はこの公園で科学の新しい時代の幕開けの歴史を示しながら、こうした発見が慎重に扱われなければならない必要性も語る」と話した。

署名式に合わせて、国立公園局が中心になって研究者らによるフォーラムも開催し、日本からも広島平和文化センターの小溝泰義理事長と、日赤長崎原爆病院の朝長《ともなが》万左男名誉院長が出席した。小溝氏によると、この会合では、原爆投下に至った経緯や被爆の実相も展示に含めるべきだという点も確認された。ただ、スミソニアン航空宇宙博物館の教訓をどのように生かすべきか、具体的な展示をどうするかはまだ決まっていない。

『原爆投下とトルーマン』などの著書があり、フォーラムにも参加したJ・サミュエル・ウォーカー氏は提出した文書で、「日本に対する原爆使用という問題が引き起こす反感と悪意の問題はよく知られている。だが、国立公園という場でどのように扱うべきかについての答えは、すぐにはない」と指摘し、「簡単な答えはない」と強調している。

謝罪の有無に焦点

こうした世論を反映し、米国ではオバマ氏の広島訪問をめぐって、原爆への被害や核廃絶についての言及よりも、投下の正当性について発言するかどうかが注目され、とりわけ「謝罪」の有無が焦点となった。

米国の保守層の間では、もともとオバマ氏について、「謝罪外交を繰り返している」という批判が絶えない。特に問題とされてきたのは、就任直後にブッシュ政権との違いを鮮明にするために行った複数の演説で、ブッシュ前大統領の側近だったカール・ローブ氏は二〇〇九年四月にウォールストリート・ジャーナルのコラムで、「大統領の謝罪ツアー」と表現した。実際には「謝罪」という言葉を一度も用いていないにもかかわらず、このコラム以来、「謝罪外交」という評価が定着した。

ローブ氏が「謝罪ツアー」と位置づけた外交には、核兵器廃絶を打ち出し、ノーベル平和賞の受賞にもつながった二〇〇九年四月のプラハ演説も含まれている。「核兵器を使った唯一の国として」、米国は軍縮について「行動する道義的責任がある」という表現が、「米国の罪の告白」と表現された。同じ論調はその後も続いており、広島を訪問した際に原爆投下の是非について触れなくても、同じような発言をしただけで「謝罪」と評価される可能性があった。

ホワイトハウスがオバマ氏の広島訪問を正式発表した段階から、「原爆投下の決断については再評価しない」と繰り返し、「謝罪をしない」ということを強調したのも、原爆投下についての米国内の世論のみならず、政権の外交をめぐるこうした議論の経緯もあったとみられる。結果的に政権は批判を封じたが、「謝罪」の有無があまりにも焦点となった結果、訪問そのものへの関心が薄れてしまった感は否めない。

スミソニアン航空宇宙博物館での展示をめぐる騒動が引き金となって辞任したハーウィット元館長は、オバマ氏の訪問を前に朝日新聞の取材に答えた。

「広島では、原爆は一〇万人以上の市民を殺したのだから、米国が謝罪すべきだという意識がある。だが米国では、米軍の日本本土上陸によって戦争を終わらせた場合に比べ、（原爆が）一〇〇万人単位の米国人やアジア人の命を救ったという意識が強い」と述べ、再び波紋が起きることを懸念していた。

一方、米空軍協会が発行する「エアフォース・マガジン」の編集長として、展示反対の中心にいたジョン・コレル氏はこう語った。

「スミソニアンの件は戦争の説明でバランスを欠き、原爆投下の判断について誤った見解を示そうという、政治的な展示を博物館が企画したことが問題だった。原爆投下が批判的に描かれることではなく、一方的に米国を加害者とすることに反対した」

ただ、訪問の是非については「コメントしない」としながらも、「オバマ氏が原爆投下の判断について再評価しない以上は、スミソニアンの展示と全く似ていない」との立場をとった。

対応が注目されていた退役軍人団体も、米メディアに「（訪問を）支持も反対もしない」（米国在郷軍人会）、「戦争のない世界というビジョンを世界中の人々が共有すべきだ」（退役軍人会）といったコメントを出し、まるで言及を避けているかのようだった。

オバマ氏が広島を訪問した時、米国のテレビ局は生中継を続け、被爆者と抱擁する写真も新聞の一面に大きく掲載された。しかし、報道の多くは「日本にとっての意味合い」に割かれ、米国内での受け止め方をめぐる論考は少なかった。

オバマ氏に対する批判としては、ブッシュ政権時代に国連大使を務めたジョン・ボルトン氏がニューヨーク・ポスト紙に「謝罪ツアーが続く」という文章を寄せた。また、二〇〇八年に共和党の副大統領候補だったサラ・ペイリン氏は、同党の大統領候補を確実にしたドナルド・トランプ氏の集会でこう発言した。

「私たちが始めたわけではない戦争を、米軍が終わらせたことは間違いだった、そう最高司令官（大統領）が示唆したんですよ」

「このタイミングで民主党の指導者が謝罪の旅に出ているのはいいことなのか」

だが、大きな波にはならなかった。何かにつけてオバマ氏の行動を批判するトランプ氏も、「謝罪しない限りは、たいへん結構なことだ。謝罪さえしなければ」と述べるなど、それほど関心を示していないかのようだった。

不支持が上回る

戦後七〇年を経て、原爆投下をめぐる米国の世論は変化しているのか。

オバマ大統領の訪問直前に、米CBSがかつてギャラップ社が使ったのと同じ「Approve（支持する）」か「Disapprove（支持しない）」の二者択一で世論調査を実施したところ、「支持する」は四三％にとどまり、「支持しない」が四四％とわずかながら上回った。

回答者の内訳を見ると、男性、白人、共和党支持者、四五歳以上の人はいずれも「支持する」の方が多いのに対し、女性、非白人、民主党支持者と無党派層、四四歳以下の人は「支持しない」が多く、ピューリサーチセンターの調査に続いて、米国内の世論の変化を示す結果となった。現在は「支持しない」と答えている若者が、年を重ねても意見が変わらなければ、三〇年後の米国では世論がすっかり変わる可能性もある。

もっとも、「原爆使用」をめぐる世論が変わったのか、「対日感情」が変化したのか、という問題は残る。この違いを測ろうと、スタンフォード大のスコット・セーガン教授らは二〇一五年七月に米国で世論調査を実施した。

調査で示された選択肢はこうだった。イランが核開発を再開したことを理由に米国が経済制裁を強めたところ、イランはペルシャ湾の米空母を攻撃し、二国間の戦争につながったと仮定する。イランに「無条件降伏」を求める米国は、約二万人の米軍の犠牲者を覚悟して地上作戦で首都テヘランを目指すか。あるいは、主要都市に核兵器を落として、推定で一〇万人の一般市民を殺害することでイランを降伏に追い込むか――。

第二次世界大戦での日米関係を現在の米国とイランに置き換えたこの調査では、回答者の五九％が核兵器の使用を支持した。イラン側の犠牲者を二〇〇万人に増やしても、同じく五九％がやはり核兵器の使用を選択したという。

セーガン氏は、核兵器使用への米国民の忌避感がこれほど少ないことについて、「憂うべき事態だ」と語る。そして、原爆使用のみならず、「戦争中であれば、一般市民の殺害は問題ない」と考える人を減らす努力が今後も必要だと訴える。

一度だけ抗議した日本政府

一方、被爆国・日本は米国による原爆投下をどのように受け止めてきたのか。

「より多くの人命を救った」「仕方がなかった」という米国の主張は、敗戦国であっても日本国民には決して受け入れられないものだった。

ただ、戦時中から終戦、占領期を挟んだ約一〇年間は、被害の実相は国民には伝わらなかった。米国で行われたような世論調査はおろか、被爆者が声を上げられるようになるまで、しばらくの年月を要した。

日本政府は一度だけ、米国政府に原爆投下を抗議したことがある。

一九四五年八月九日、二発目の原爆が長崎に投下されたその日の深夜、日本政府は東郷茂徳外相名で、駐スイスの加瀬俊一公使に至急電を打った。スイス政府を通じ、原爆の投下を米国政府に抗議するよう指示する訓令だった。

外務省が二〇〇七年に公開した当時の公電には、次のように記されている。

「六日、米国飛行機数機、広島市に来襲。新型爆弾を投下せる為、市民多数に死傷者を出し、家屋もまた大半倒壊または焼失せり。その被害の甚大なるは到底従来の爆弾に比較し得ざるものなり。よって帝国政府は別電のごとき抗議を米国政府に提出いたしたしたきにつき――」

大本営は、広島市に投下された爆弾を「新型爆弾」と発表していた。日本政府の抗議文のことは、統制下にあった当時の新聞も報じた。

「本件爆弾は、その性能の無差別かつ惨虐性において従来かゝる性能を有するが故に使用を禁止せられをる毒ガスその他の兵器を遥かに凌駕しをれり――」（一九四五年八月一一日付朝日新聞）

敵国を糾弾することが目的だったとはいえ、原爆投下を国際法の根本原則を無視したと位置づける指摘は、被爆者団体や反核ＮＧＯの認識と近いと言えるだろう。

しかし、戦後、日本政府は米国政府に原爆投下を抗議したり、謝罪を求めたりしたことはない。敗戦とともに米軍を中心とした連合国軍の占領統治を受け、主権回復後も、米国と日米安全保障条約で堅く結ばれたからだ。

占領期、ＧＨＱはプレスコードで原爆報道を厳しく制限した。日本国内でも原爆被害の実相はほとんど知らされず、原爆投下の責任をめぐる議論も公的な場ではタブーだった。

終戦後の一九四五年九月一八日、象徴的な事件が起きた。ＧＨＱは朝日新聞東京本社に四八時間の発行停止を命じた。問題視されたのは、政治家鳩山一郎が次のように語ったと報じた記事だった。

「(米国は)原子爆弾の使用や無辜の国民殺傷が病院船攻撃や毒ガス使用以上の国際法違反、戦争犯罪であることを否むことは出来ぬであらう」

日本の戦争指導者を裁いた東京裁判(極東国際軍事裁判)では、太平洋戦争の開戦時に首相だった東條英機らが「平和に対する罪」で有罪となる一方、原爆投下や東京大空襲といった連合国軍の行為は審理されなかった。

「真珠湾攻撃によって米軍を殺したことが殺人罪なら、原子爆弾の殺人はどうなるのか」

陸軍大将梅津美治郎と外相東郷茂徳の米国人弁護人ベン・ブルース・ブレークニーがこう問うた記録が残る。

第五福竜丸事件で原爆の実相に注目

事態が変わるのは、サンフランシスコ講和条約が発効した一九五二年、「占領」の重しが取れてからだ。

この年の夏、朝日新聞社は「原爆被害の初公開」と題し、雑誌「アサヒグラフ」で特集を組んだ。原爆投下直後に広島を撮影しながら、未掲載だった宮武甫《はじめ》、松本榮一両カメラマン（いずれも故人）の写真を中心に掲載した。それは、「焼却せよ」との会社の指示に従わずに個人的に秘蔵してきたものだった。当時では異例の七〇万部が印刷され、英訳して海外に送る市民運動も展開された。

被爆者の存在が注目されるようになったのは、一九五四年三月に米国がビキニ海域で水爆実験を行い、日本の漁船が死の灰を浴びて被曝した「第五福竜丸事件」がきっかけだ。無線長の久保山愛吉さんが死亡し、「核兵器の威力はそれほど大きく、広い範囲に被害が出る」と衝撃を与えた。東京都杉並区の主婦らが始めた原水爆禁止の署名運動は全国に広がった。

そんななか、広島、長崎に投下された原爆の実相にようやく光が当てられるようになった。原爆が放射線被害を伴う残虐兵器と広く認識されたのが一九四五年ではなく、五四年の第五福竜丸事件だったことは、戦後史の複雑さを物語っている。反核感情の国民的広がりは、米当局者に「いずれ反米感情に転化するかもしれない」と懸念を抱かせるほどだった。

翌五五年八月、広島で第一回原水爆禁止世界大会が開かれた。海外代表も含め国内外の平和活動家らが集まった大会には被爆者も参加し、積年の思いを訴えた。

原水禁運動の高まりは被爆者を勇気づけた。一九五六年八月、初めての全国組織「日本原水爆被害者団体協議会（日本被団協）」が長崎で結成された。結成宣言で被爆者たちは、「人

ビキニ環礁で被爆した第五福竜丸は、文部省が買い取り，東京・芝浦の東京水産大学に係留されて，放射能の調査や除染の研究が行われた〔1956年3月1日〕朝日新聞社撮影

類は私たちの犠牲と苦難をまたふたたび繰り返してはなりません」と訴えた。

一九五七年、「原爆医療法」が成立し、被爆者健康手帳の交付が始まった。原爆投下から一二年を経て、被爆者は手帳があれば健康診断と医療給付を受けられるようになった。それまで被爆者は、原爆症や差別、偏見に苦しみながら、国から何の援護も受けられなかった。メディアだけでなく、被爆者にとっても「空白の一〇年」だった。

東京地裁は一九六三年一二月、「原爆投下は明らかに国際法に違反する」とする判決を下した。被爆者が原告となり、国を相手に「被爆者がアメリカに賠償請求する権利を、講和条約で放棄した」と損害賠償を求めた民事訴訟。現行法では個人救済の道はないと請求は退けられたが、核兵器の実戦使用を国際法違反とした初めての判決だった。

日本被団協は、被爆者への援護拡充とともに、核兵器廃絶を運動の柱とした。

被爆者の訴えが国際世論を揺り動かしたとされるのが、一九八〇年代初頭にヨーロッパ全域に広がった反核運動だった。

米国のレーガン大統領は一九八一年、旧ソ連が東欧に戦術核を配備したことを受けて「限定核戦争はありうる」と発言した。日本被団協や平和団体は危機感を強めた。八二年三月には広島で約二〇万人の市民が反核行動に参加する高まりを見せた。

さらに同年六月、第二回国連軍縮特別総会が開かれたニューヨークに、被爆者が大挙して

被爆10年の8月6日，原爆死没者慰霊式・平和記念式が平和記念公園の慰霊碑前で行われ，遺族や市民約5万人が参列した〔1955年8月6日〕朝日新聞社撮影

乗り込んだ。国連本部で被爆者として初めて演説したのが、被団協代表委員の山口仙二さん（二〇一三年に八二歳で死去）。壇上で自らのケロイドの写真を掲げて演説した。「ノーモア・ヒロシマ、ノーモア・ナガサキ、ノーモア・ウォー、ノーモア・ヒバクシャ」との言葉は、世界に感銘を与えた。

「核の傘」に依存する日本

一方、日本政府は被爆者らの訴えとは一線を画した。

日本は一九六一年、国連総会に初提出された、核兵器使用を国際法違反とする決議に西側諸国で唯一賛成した。反核世論の高まりが背景にあったとみられる。だが、六四年に中国が核実験に成功すると、日本は核兵器使用が国際法違反かどうかを明らかにしないようになった。

中国の核兵器保有という「脅威」に対し、日本が安全保障上の対応として選択したのは、米国が提供する核抑止力（核の傘）に依存する道だった。

中国が核実験に成功した翌年の一九六五年、ジョンソン米大統領は佐藤栄作首相と会談し、「核の傘」の提供を約束した。もし日本を核兵器で攻撃すれば、日米安保条約で結ばれた米国は必ず核で報復する。それゆえに、どの国も日本への攻撃は思いとどまる。それが「核の傘」の考え方だ。米国側には、日本の核武装を防ぐという利益があった。

佐藤首相は「非核三原則（核兵器をもたず、つくらず、もちこませず）」でノーベル平和賞を受賞した。その一方、米国との間で、核兵器の持ち込みに関する「核密約」を結んでいたことが今では明らかになっている。

一九七五年八月、フォード米大統領は三木武夫首相との共同発表で、「核の傘」の提供を公式表明した。防衛大綱には「核の脅威に対しては米国の核抑止力に依存する」といった表現が公然と登場するようになった。

日本政府は「核の傘」に依存することで、核兵器使用は国際法違反という主張を封印した。米国の核抑止力に頼りながら、国際法違反とするのは「自己矛盾」であることに加え、米国と核兵器についての認識の違いが生じることは、核抑止力の信頼性の低下につながりかねないからだ。

「核密約」は、冷戦後の一九九〇年代初頭、ブッシュ（父）米政権が、艦船に搭載された核兵器を米国領土に撤去したため、事実上意味を失ったとされる。だが、「核の傘」に依存する安全保障政策は維持された。

一九九五年一一月、核兵器の使用が違法かどうかを審理したオランダ・ハーグの国際司法裁判所（ＩＣＪ）。陳述に立った広島、長崎両市長は被爆の惨状を詳しく語り、「国際法に違反していることは明らかだ」と訴えた。しかし、同じ法廷で外務省幹部は、違法性への言及を避け、両市長の発言について「必ずしも政府の見解を表明するものではない」と打ち消した。

当時の広島市長、平岡敬氏は「核抑止力に頼らない平和を求める被爆地と、米国への配慮を優先する霞が関の落差を象徴する場面だった」と振り返る。

原爆の責任は「日米両政府」

いらだちを抱えてきた多くの被爆者の心情を知る上で貴重な資料がある。朝日新聞が二〇〇五年夏、全国の被爆者を対象に実施し、一万三二〇四人から回答を得た「被爆六〇年アンケート」だ。

「原爆被害の責任はどこにあると考えますか」という設問に、「米国政府」とする回答は二八％、「日本政府」とする回答は七％、「日米両政府」とする回答は五〇％だった。さらに、「米国政府は被爆者に対し、謝罪や賠償をするべきだと思いますか」という設問に、「思う」との回答は六二％、「思わない」との回答は七％、「わからない・その他」は二五％だった。

米国政府に対して謝罪と賠償を求める回答が六割を超えたことに加え、原爆被害の責任を「日米両政府」とする回答が五割に達したのが特筆される。戦後、日本政府が対米関係を重視し、原爆投下の責任を正面から追及してこなかったことへの被爆者の不満がうかがえる。

米大統領の被爆地訪問を提案したのは、まず被爆者であり、被爆地だった。

一九八五年、日本被団協の米国派遣代表団は、軍備増強路線をとるレーガン政権に対して「八月に広島と長崎を訪問し、被爆者と会ってほしい」と要請した。二〇〇二年八月の広島市の平和宣言には「広島・長崎を訪れ、核兵器が人類に何をもたらすのかを自らの目で確認すること」との一文が盛り込まれた。

日本政府が初めて、米国を含む世界の政治指導者の被爆地訪問を呼びかけたのは、二〇一四年四月に広島市で開かれた核軍縮・不拡散イニシアチブ（ＮＰＤＩ）の外相会合だった。議長役の岸田文雄外相が、「世界の政治指導者が被爆の実相に触れることが大切だ」と提言した。

なぜ後手に回ったのか。日本のある軍縮大使経験者は「外務省内では最近まで、広島・長崎を重視するのは『左がかっている』と見られる雰囲気があった。被爆地・広島選出の岸田氏が外相となったことで、主要なテーマになった」と打ち明ける。

米大統領の訪問を求める署名運動など、被爆者や市民の活動が広島、長崎両市で活発化するのは二〇〇九年四月。チェコの首都プラハの演説で、オバマ大統領が「核兵器を使用した唯一の国として、行動する道義的責任がある」と言及したのがきっかけだ。広島・長崎への原爆投下が念頭にある言葉だと受け止められた。

この時期、日本政府関係者は米大統領の訪問を歓迎していなかった節がある。《premature（時期尚早）》。この年八月、当時の藪中三十二《みとじ》外務次官はルース駐日米大使と会談し、オバマ氏の広島訪問に否定的な見方を伝えたことが、「ウィキリークス」が公開した在日米大使館発の米外交公電で明らかになった。オバマ氏も同年一一月の初訪日時には、「在任中に、二つの都市（広島、長崎）を訪れることは名誉であり、有意義だと考えている」と述べるにとどまっている。

公電によると、藪中氏はルース氏との会談で、オバマ氏がプラハで「核なき世界」を目指すと演説したことで、広島を訪問するかどうかが注目されているとし、「両政府はそうした国民の期待を抑えなければいけない」と述べたという。さらに、藪中氏はその理由として、オバマ氏が広島で原爆投下を謝罪する見込みがないことを挙げたとしている。

藪中氏は二〇一六年春、朝日新聞の取材に対し、「（ウィキリークスが公開した公電は）私が言ったこととは文脈が違う」と語った。一方で、「外務省は、不正な方法で公開された公電についてコメントしないことになっており、私もコメントしない」として、オバマ氏の広島訪問をめぐって自らがどんな意見を伝えたのかを説明するのを避けた。

二〇一六年五月一〇日、安倍晋三首相は首相官邸で、オバマ氏の広島訪問を正式に発表した。「積年の悲願」の達成だと報じたメディアもあった。

「米国に謝罪は求めるのか」

安倍首相は記者団の質問に淡々と答えた。

「七〇年前の原爆投下によってたくさんの方々が犠牲になりました。そしていまでも多くの方々が苦しんでおられるのも事実であります。（中略）唯一の戦争被爆国の首相である私とともに、世界で唯一核兵器を使用した国の指導者が共に犠牲者に対して哀悼の誠をささげる。そのことが、まさに被爆の犠牲となった方々、そしていまも苦しむ人々の思いに応えることだと私は信じています」

謝罪は求めない――。日本政府の「対処方針」には、原爆投下から七一年間の日米関係のあゆみが投影されていた。

「原爆投下はどうあっても間違い」

ピーター・カズニック――アメリカン大学教授・核問題研究所長

オバマ大統領が広島に行ったことは喜ばしく思います。訪問に際し、オバマ氏にある程度の勇気がいった。称賛を送りたい。ただ、オバマ氏が実際に話した内容には失望しました。

演説は最初の部分から不誠実でした。

オバマ氏は「死が空から降ってきた」と言いました。能動的な主語がありません。死は空から降ってくるものではない。アメリカが原爆を落としたのです。オバマ氏は、表現をあいまいにして、アメリカの本当の責任を回避していると思いました。

オバマ氏側は訪問前から、謝罪をせず、原爆投下判断の歴史を議論しないと明確にしていました。予期された通りの残念なことになりました。

私は謝罪があれば歓迎するが、謝罪は何も変えないと思っていました。しかし、「原爆投下はどうあっても間違いだ」と言うことは謝罪より重要で、未来を変えると考えます。

オバマ氏は、その判断の議論は、歴史家がすることだと言います。私は、それは違うと思う。大統領が主導して議論をすべきです。歴史に誠実に取り組むことができればアメリカにとってすばらしいことなのです。

オバマ氏は、演説で「広島と長崎で残酷な終結を迎えることになった世界大戦」とも言いました。アメリカでは「原爆が戦争を終わらせた。たくさんの命を救った」という「神話」を多くの人が信じている。アメリカがすることは常に良いことで、正当化されるという「例外主義」と関係します。若い世代は変わってきているが、古い世代は依然、投下を支持する傾向にあります。

以前、七〇歳以上の人を対象にした講義を行ったときのことです。最初に「原爆投下の判断は正しかったと思うか」との質問に二七人中二六人が手を挙げた。しかし、アメリカの外で議論をすれば外国人の方が、原爆投下に対する批判的な見方に触れていることが分かります。

私自身、原爆投下の必要性に少しでも納得できる論理を見たことがない。オバマ氏の演説はこの神話を補強する結果となり、大変がっかりした。

私は何度も広島を訪れ、それがいかに強烈な経験をもたらすかを知っている。オバマ氏は非常に演説がうまく、聴衆に訴えかける力を持っています。オバマ氏には、自分がそこで感じたことを話してほしかった。だが、しませんでした。演説は訪問前に準備されたものだった。すべてが用意されたステージのようでした。

今回、オバマ氏は原爆投下の判断に触れなかったことで、国内の批判をかわせたかもしれない。議論をしていれば、たとえ今、批判されても、将来、人々は振り返り、オバマ氏がいかに勇気を持ち、偉大なことをやってのけたのかを語っていたことでしょう。

しかし、オバマ氏は安全策をとりました。彼には、もう大統領選挙はない。何を恐れることがあるのか。オバマ氏は、真にノーベル平和賞に値する歴史的な機会を逃したのではないでしょうか。

ピーター・カズニック
一九四八年生まれ。アメリカン大学教授。核問題研究所長。九五年から学生を連れ広島、長崎を訪問し、被爆者の話を聞く活動を続ける。二〇一五年に同大で原爆展を開催。

原爆投下を正当化する「神話」と闘う

オリバー・ストーン｜映画監督

アメリカは、今の段階では、少なくとも原爆投下の是非について「議論の余地がある」と認めるべきだと考えています。私はカズニック教授とともに、原爆投下を正当化するアメリカ国内の「神話」と闘っています。

神話は一九四五年以降、アメリカの国民に種がまかれ、育ってきました。

我々は、「もうひとつのアメリカ史」を通じ、アメリカ人の自覚を呼び起こしたいと思っています。目にした多くの人が納得したと願っている。過去の歴史を知らなければ、今現在やっていることが見えなくなる。自覚を持って生きていくための真実の探求だ。ネガティブにあら探しをして生きていきたいわけではありません。私は映画やドキュメンタリー作品を通して、いつも真実を探し出してきたつもりです。

オバマ氏は広島へ行って、真実を話し、「原爆投下は軍事的には必要がなかった」と言うべきだと思います。そして、投下を謝罪した上で、平和に関与していくと言えば、オバマ氏の訪問はすばらしいものになるでしょう。ただ、大統領は全国民、退役軍人を含め国内のすべての反対意見の観点からも考えないといけない立場にある。（原爆投下は必要がなかったという）発言は、過去七〇年のアメリカの政策、歴代大統領の立場に反することにもなるから、実際に言う可能性はないと思う。

私が知る限り、オバマ氏はとても矛盾がある人です。ある種の政策において、知的でリベラルな考えで知られる。だが、高尚なことを言っても、実行する際に結果が見えてこない。プラハ演説も政策としての結果がありません。

ノーベル平和賞の受賞につながったこの演説の皮肉は何度もオバマ氏に跳ね返ってきました。オバマ氏はずっと「ミスター・ライト（正しい人）」でいる代わりに、人生のうちの一時間でも使って私の作品を見て、頭に入れた方がいい。

（広島訪問前の五月二二日に朝日新聞に掲載）

オリバー・ストーン
一九四六年生まれ。映画監督。米イェール大学中退後、六七年にベトナム戦争に赴く。体験が元になった映画「プラトーン」などでアカデミー賞監督賞を二度受賞。社会派監督として知られる。

第4章
広島訪問、前夜

最大の試金石

二〇〇九年に誕生したオバマ政権は、米国大統領として初めてとなる被爆地・広島訪問に向け、少しずつ地ならしをしてきた。ルース駐日米大使が一〇年に初めて米政府代表として八月の平和記念式典に出席した。その後、後任のキャロライン・ケネディ駐日米大使やローズ・ゴットメラー国務次官も式典に参加した。

訪問実現に向けた、最後にして最大の試金石となったのが、ケリー国務長官による広島訪問だった。

ソメイヨシノの満開が過ぎた二〇一六年四月一〇日、ケリー長官は米国の現職閣僚として初めて広島の地を踏んだ。バーレーン、イラク、アフガニスタンを歴訪し、その足で主要七カ国（G7）広島外相会合に出席するためだった。日本の外務大臣にあたる国務長官は、米政権では大統領、副大統領につぐ三番目の序列に位置づけられる重要閣僚だ。国務長官の広島訪問は、日本だけでなく、米国でも注目された。

七二歳のケリー長官は四月一〇日午前、国務長官機で米海兵隊岩国基地（山口県）に到着した。そこから、約一時間一五分かけて車で広島に向かった。

同行記者団はＡＰ通信、ロイター通信、ワシントン・ポスト紙やＣＮＮテレビなどの米国人やフランス人ら計八人。すでに欧州回りで世界を半周以上し、五日間で四カ国目となる強行軍だった。広島に来るのは全員が初めてで、それどころかこれまで日本に来たこともないという記者がほとんどだった。

そんな彼らの関心事は、「謝罪」の二文字だった。歴史上、唯一、人類に対して原爆を落とした国の国務長官が初めて広島を訪れ、どんな行動を取るのか。謝罪と受け止められるような発言はあるのかどうか。その点に関心は集中していた。退役軍人や保守的な共和党だけでなく、リベラル色の強い民主党でさえ、「謝罪」は政治的にデリケートなテーマだった。

ところが、興味深いことが起きた。記者団が、平和記念公園内の広島平和記念資料館（原爆資料館）を見学したときのことだった。

記者たちの表情が、みるみる変わり始めた。熱線で全身に大やけどを負った若い男性の写真、炭化した弁当箱、当時三歳だった「伸《しん》ちゃん」が乗っていたとされる三輪車――。ＣＮＮの外交担当エリス・ラボット記者は、犠牲者の遺品ひとつひとつの前で立ち止まり、深いため息をつき、ときに「オーマイゴッド」とうめいた。

記者団は一時間半近くかけて、あの日の真実をたどった。「ワシントンにあるホロコースト博物館の展示でも衝撃を受けたが、原爆資料館はそれよりもパワフルだった」とラボット記者は語った。

一緒に資料館を見学した米国人記者四人は、言葉少なに建物の外へ出た。米大手紙の一人は、こう問いかけてきた。

「広島の人は、米国人を恨まないのか。そうでないとすれば、なぜだろう。私だったら、恨むと思う」

この記者は、ケリー長官の広島訪問に際して、日本政府だけでなく、多くの日本人が謝罪を求めていないと伝えられていることが不思議でならなかった。

大手通信社の記者は「いくら戦争といえども、いまの時代ならこんなに多くの市民の犠牲を出すような行為は許されない」

二〇一五年一〇月、アフガニスタン北部クンドゥズで、米軍が国際医療NGO「国境なき医師団」の病院を誤爆し、四〇人以上の患者や医療従事者らが犠牲になった事件は記憶に新しい。この一件では、オバマ大統領も謝罪に追い込まれ、将校ら一六人が処分された。七一年前とは時代背景も異なるが、あまりにも桁違いの、罪のない市民が広島で犠牲になった事実を目の当たりにし、みな一様にショックを受けていた。

この通信社の記者は、「核兵器のない世界を追求しているオバマ大統領は、ここに来るべきだ。広島ほど、核軍縮についてのメッセージを出すのにふさわしい場所はない」とも感想を語った。

その日の夜、ケリー長官が泊まるホテルで行われた米政府高官との懇談は、本音がぶつかり合う場となった。参加者は、高官二人に、同行記者八人と朝日新聞記者（奥寺淳）の計一一人。発言内容を記事に書いてもいいが、発言者の名前は伏せる、バックグラウンド・ブリーフィング（背景説明）というルールがあるため、固有名詞は明かせない。「謝罪」の是非をめぐり、米国人の外交官や記者たちが胸中に抱く葛藤の一部が垣間見えた。

米記者A「明日、ケリー長官は平和記念公園を訪れ、約七〇年前に起きたことについて、遺憾または悲しみの気持ちを表すのか」

米高官「謝罪するために広島に来たのかという質問なら、答えはノー。もし、長官がすべての米国人、そして日本人とともに、この悲劇について悲しみを共有するかという質問ならイエスだ」

このとき米政府はすでに、ケリー長官、そして仮にオバマ大統領が被爆地を訪問したとしても謝罪はしない方針を固めていた。そのため、高官の受け答えは終始、歯切れの悪いものにならざるを得なかった。間を置かずに、別の記者が質問を投げかけた。

米記者B「国務長官も、オバマ大統領も、核兵器のない世界の実現を目指している。世界の誰もが、核兵器を使うことは恐ろしいことだと分かっている。なのに、米国が使ったことをなぜ謝らないのか。謝罪を避ける根拠が分からない」

こう聞いたあと、この記者は声のトーンを少し落とした。

「今日、資料館に行った後、私たちは謝罪したいと思った。つまり、それだけ資料館のメッセージが力強かった。原爆を使うということが、あんなにも恐ろしいことだなんて――」

米高官「あの資料館を訪れ、原爆によるすさまじい被害を目にした人なら、二度と核兵器を使ってはならないという決意から目を背けることはできないでしょう」

この高官は、それまでに何度も広島を訪れたことがあった。そして記者への質問に対し、オバマ大統領が二〇〇九年四月のプラハ演説で「核兵器のない世界」を提唱したときに語った、「核兵器を使った唯一の国として行動する道義的責任がある」という言葉を持ち出した。原爆を実戦で使ったただ一つの国だからこそ、世界の核軍縮を主導し、これ以上、核兵器がほかの国やテロリストに広がらないよう努力しなければならない、と続けた。

三〇分あまりのブリーフィングは、普段の記者会見とは異なり、記者も高官も、本音をぶつけ合うようなところがあった。

謝罪はできない。しかし、被爆地に寄り添いたいという本音もある――。そんな複雑な思いを抱えたなかで、翌日、ケリー長官の平和記念公園訪問が始まった。

リトマス試験紙

四月一一日、この日の広島市は、朝方は曇りがちだったものの、昼に近づくにつれ、少しずつ日が差し始めた。気温は一九度まで上がった。市内のホテルで開かれたG7外相会合に出席した各国外相は、市中心部の平和記念公園に車で向かった。

米国の現職閣僚が平和記念公園を訪れるのは初めてのことであり、国内でどう受け止められるか分からない。それだけに、ケリー長官ひとりではなく、G7外相がそろって慰霊碑に献花する形式となったことは、米政府にとって幸いだったに違いない。

午前一〇時四〇分すぎ、英国のハモンド外相とフランスのエロー外相に続いて、米国のケリー国務長官が公園に到着した。核兵器を保有する英仏の現職外相が平和記念公園を訪れるのも初めてだった。

ケリー長官らが最初に向かったのは、原爆資料館だった。実は、米政府側はこの資料館視察に神経質になっていた。原爆投下による熱線で皮膚が焼けただれた被爆者の写真などを見学するケリー長官の写真や映像が流れると、米国世論を刺激してしまうかもしれない、という懸念があった。

保守層を中心とする多くの米国人にとって、原爆投下による市民の犠牲者数は、自国の「歴史」において中心的な位置を占めていない。日米両政府が直前まで協議した結果、報道機関による館内の撮影や取材を制限することになった。

米政府が気を遣ったのは、これだけではない。資料館の視察を終えたケリー長官らG7外相たちは、G7参加国の旗を振って歓迎する小学生約八〇〇人の間を抜け、原爆死没者慰霊碑の前に立った。紺のスーツに身を包んだケリー長官と岸田文雄外相の二人が中央に、その両側に各国外相が並ぶ。

白髪で長身のケリー長官は、「安らかに眠って下さい　過ちは　繰返しませぬから」と書かれた慰霊碑の方をじっと見ている。少し右肩を下げ、どこかぎこちなく、緊張しているようにも見える。赤く燃える平和の灯《ともしび》、そして原爆ドームも見えていたはずだ。

制服姿の小学生が近寄り、白い花輪をケリー長官たちに手渡した。花輪の中心部には、「ジョン・F・ケリー　米国務長官」と英語で書かれている。そして各国外相は、そのまま碑の前に歩み寄り、花輪を設置台に立てかけた。ケリー長官は、いったん一歩下がったものの、花輪が少し斜めになっているのが気になったのか、また戻って花輪に手を伸ばし、腰を曲げて立てかけ直した。その間、各国外相が見守っている。

岸田外相が、深く頭を下げる。その隣のシュタインマイヤー独外相もそれにならって頭を傾けた。しかし、ケリー長官は岸田外相のそばで固まったように立っていた。米政府が、最も神経をとがらせた場面の一つだった。

日本の儀礼に従ってお辞儀をしたら、その周りに集まったカメラマンは、決してその瞬間を逃さないだろう。頭を下げたシーンが「謝罪」したかのように取り上げられてしまう。二〇〇九年にオバマ大統領が訪日して天皇陛下と面会した際、握手をしながら頭を深々と下げたところ、米国内では「まるで謝罪外交みたいだ」「醜かった」などと酷評された。

ケリー長官は、気さくな人柄として知られ、普段は相手国の慣例に自然に溶け込もうとする姿がよく見られる。しかし、今回ばかりは原爆投下について謝罪しないことが前提の広島訪問。頭を下げた写真や映像が流れる事態を、米政府としては避けなければならなかった。

五月下旬の伊勢志摩サミット後に想定されたオバマ大統領の広島訪問を実現させるためには、ケリー長官の訪問をなんとしても成功させなければならなかった。ここでいう成功とは、米国内で「まるで謝罪したみたいだ」などと批判的に取り上げられないということだ。

「オバマ大統領が広島に行くかどうかは、ケリー長官が広島を訪問した後の反応を見ないと決められない」

オバマ大統領の側近は、ケリー長官の広島訪問前の二月、こう語っていた。米国は大統領選のまっただ中で、ドナルド・トランプ氏ら共和党の候補がオバマ大統領を「弱腰」と批判していた。共和党だけでなく、有識者の間でも訪問への慎重論は根強かった。広島訪問が「謝罪」と見られれば、ヒラリー・クリントン氏ら民主党候補の選挙戦に影響しかねない。ケリー氏の訪問は大統領訪問に向けたリトマス試験紙であった。

この訪問により、米国内の反応が良ければ、現職大統領としては初の歴史的な被爆地訪問が実現に近づく。逆に、批判の声が高まれば、訪問に慎重な勢力の勢いを強めることになりかねない。それが、ぎこちなく見えるほど、ケリー長官が慎重に振る舞った理由だった。

米国内の世論を考えれば、そうせざるを得なかった。しかし、米政府が極度に気を使った資料館視察の方法や献花のシーンを除けば、ケリー長官はむしろ踏み込んだ行動をとった。

マスコミの取材は制限したものの、資料館の視察は、実はケリー長官自身が前向きだった。当初予定されていた資料館の視察時間は三〇分。国内外の記者数百人が公園で待っていた際にも、ケリー長官が真剣な表情でうなずきながら館員の説明を聞いている姿が資料館の窓越しに見えた。同行者によると、被爆者の遺品やその説明文を、一つずつ丁寧に見ていたという。特に、強烈な熱線を受け、銀行の玄関階段に腰掛けていた人の部分だけ影のように黒く残った「人影の石」や、焼け焦げて真っ黒になった弁当箱の前では、しばらく足を止め、じっと見入った。付き添ったケネディ駐日大使が、当時一三歳だった折免滋《おりめんしげる》さんがこの弁当箱を抱えて亡くなっていたことなどを説明した。結局、視察時間は予定をオーバーして約五〇分に及んだ。

ケリー長官が資料館の芳名録に残したメッセージは、外交辞令のたぐいのものではなく、なにより本人の気持ちが強くにじんでいた。

「世界のすべての人が、この資料館の持つ力を目で見て、感じるべきです」（Everyone in the world should see and feel the power of this memorial.）

書き出しをこう綴り、以下のように続けた。

「核兵器の脅威に終止符を打つことだけでなく、戦争そのものを回避することに全力を傾けることが我々の責務であることを、はっきりと、残酷なまでに説得力のある形で思い出させてくれます。戦争は最終手段であるべきであり、第一の選択肢にしてはなりません。資料館では、誰もが世界を変え、平和を見つけ、世界中の人々が切望している未来を築くために一層の努力をする気持ちになります」

芳名録用に、米国務省が事前に準備していた原稿があった。しかし、ケリー長官はそれを一度も見ることなく、自分の言葉で記した。そのため、G7外相のなかで最後まで時間をかけて書いた。こうした姿を見て驚く日本側に、米国務省高官は「それがケリー長官だ」と言った。

このメッセージは、ケリー長官の公式ツイッターで写真とともに発信された。

「原爆資料館と広島平和記念公園を訪れた最初の国務長官になることができて光栄です」

こうつぶやいたメッセージに、約二七〇〇人がリツイートした（二〇一六年六月時点）。

核保有国でもある英国のハモンド外相も「心を打たれました」と記帳し、「核兵器のない世界のために必要な条件の構築に向けて、共に一層の努力をしていきましょう」と綴った。

慰霊碑への献花を終えた後、ケリー長官は岸田外相に「あそこには行けないのか」と語りかけ、平和の灯の向こうに見える原爆ドームを指さした。突然の提案に岸田外相は戸惑い、一行はいったん車の方に戻りかけた。しかし、岸田氏が「歩いて五分」と答えると、ケリー長官は「よし、このまま行こう」と即断した。千羽鶴で星条旗をあしらった首飾りをかけたケリー長官は、予定にはなかった原爆ドームにも足を伸ばし、その後に公園内の国際会議場で開いた記者会見でも資料館の感想を語った。

「衝撃的で、内臓がえぐられるような展示だった。人間として、すべての感覚がぐいと引っ張られるようだった」

直接的な「謝罪」の言葉はなかった。しかし、七一年前に原爆が投下されたことによって広島で起きたことの事実に触れ、それに寄り添う気持ちを出そうと言葉を選んだ。

「資料館の展示は、私個人としても決して忘れることはないだろう。ここで見た写真、（原爆による被害の）証拠、そして一九四五年八月六日に何が起きたのか、誰の脳裏からも消えることはない」

会見場の演台を前にしたケリー長官は、自分が広島を訪問した理由を、過去にとどまるのではなく、現在そして未来に目を向けるためにも、過去を教訓にすることが重要だと思ったからだ、と語った。米国が大量破壊兵器である原爆を、人類に対して初めて使用したことによって起きた甚大な被害を事実上認め、同じ過ちを二度と繰り返してはならないという決意を語ろうとしたのだと解釈できる。

大統領が来ることを願っている

原爆を落とした国の国務長官が初めて原爆資料館を訪れ、ここまで踏み込んだメッセージを発信することだけでも歴史的なことだった。それによって、関心の焦点は、オバマ大統領が広島を訪れるかどうかに移った。

この点でも、ケリー長官は記者会見で精いっぱい前向きな発言をした。

ワシントンから来た同行記者団の一員と扱われていた記者（奥寺）は、米国記者代表のひとりとして、最初に質問することになった。そこで、ケリー長官が原爆資料館の芳名録に記帳した内容を引用して聞いてみることにした。

記者「長官は、「世界のすべての人が、この資料館の持つ力を目で見て、感じるべきだ」と記帳しました。これは、長官がワシントンに戻ったら、大統領に広島を訪問するよう勧めるということでしょうか」

すると、意外なほどに素直な答えが返ってきた。

ケリー長官「すべての人とは、その言葉通り、すべての人です。米国の大統領もいつかその「すべて」の一人となり、ここに来られることを願っています」

オバマ氏は、二〇〇九年一一月に大統領として初訪日した際、「広島、長崎を将来訪れることができれば、非常に名誉で、私にとって有意義なことだ」と語ったことがあった。ケリー長官は、オバマ氏の意向を熟知していた。オバマ氏が五月の伊勢志摩サミット出席に合わせて広島を訪問するかどうかは分からないとしつつも、(広島から)大統領に来てほしいと招待されていることも知っていると述べ、さらにこう続けた。

「ワシントンに戻ったら、今週のうちに大統領と会い、ここで見たこと、そしていつか(大統領が)訪問することがいかに重要かを確実に伝える。それは私が保証する」

ケリー長官は、被爆地を訪れ、多くの広島の市民から歓迎された。ただ、謝罪すべきだと考える被爆者もいるし、過去を忘れることはあり得ない。多くの被爆者はその思いを胸に秘め、核兵器を廃絶したいという思いのもと、初めて被爆地を訪れる米国の現職閣僚を温かく迎えた。こうした自らの経験から、ケリー長官はオバマ氏も訪れるべきだという強い信念を持ったように感じられた。条件は整った、あとは大統領の決断次第だということを強くにじませた。

日米両政府が細心の注意を払ってケリー長官の広島訪問を演出したためか、七一年という年月がそうさせたのか、米国でもこの訪問はおおむね好意的に受け止められた。

米主要紙ニューヨーク・タイムズ紙は、訪問から二日後の四月一三日、「広島から核なき世界へ」と題する社説を掲載した。

広島と長崎への原爆投下を「米国による核攻撃」と表現し、これまで長い間、現職の閣僚が訪れることができなかったと、その背景を説明した。そして、「ケリー長官が地ならしをした以上、オバマ氏が初めて広島を訪問する大統領になることを妨げるものはないはずだ」とし、核兵器のない世界を実現するための新たな提案を用意して広島訪問に臨むべきだと書いた。

さらにワシントン・ポスト紙は四月一六日、「広島の教訓と遺産」とする社説を掲載した。第二次世界大戦の終結から約七〇年間、核兵器が実戦で使われることがなかったのは特筆すべきだとしたうえで、「オバマ氏は謝罪のためではなく、今後七〇年間の平和のために都市（広島）を訪問すべきだ」と記した。

また同紙は、原爆の使用について「無慈悲な高熱の爆風と放射能を解き放った、戦争の歴史で最も恐ろしい出来事の一つ」と表現した。米国と欧州との同盟関係や日本に「核の傘」を提供している現状にも触れ、「核兵器がすぐになくなることはない」としつつも、どのように核兵器を減らしていくかを示すことは、二〇〇九年に核兵器のない世界を提唱したプラハ演説でノーベル平和賞を受賞したオバマ氏がすべきことだとの論を展開した。

米国の主要な新聞、テレビで、ケリー長官の広島訪問を批判し、オバマ氏の訪問に反対する論調はほとんどなかった。一部の保守系雑誌などが、ケリー長官の原爆資料館の訪問などについて、「謝罪」を示唆していたと批判したり、「日本が真珠湾で我々に攻撃を仕掛け、悲劇をもたらした事実を無視するものだ」（オンライン雑誌のアメリカン・シンカー）と主張したりすることはあったが、米国で主流の意見となることはなかった。

ケリー長官の広島訪問は、オバマ氏の被爆地訪問に向けた下地をつくりたい米政府にとって、明らかに「成功」であり、条件は整った。

ケリー長官は広島から帰国後、オバマ氏と面会した。ホワイトハウスは、二人の会話の内容は明かせないとしているが、ケリー長官は原爆資料館を訪れ、日本の多くの人から歓迎されたことを伝えたのだろう。

オバマ氏は、広島訪問を就任当初から望んでいた。ケリー長官が訪問したころには、心の中では行こうという気持ちを固めていたはずだ。しかし、オバマ氏の側近は、大統領の広島訪問が決まった後でこう振り返った。

「ケリー長官の訪問の成功なくして、大統領の訪問もなかった。絶対に必要なステップだった」

こうして、オバマ大統領が被爆地を訪問する雰囲気が醸成されていった。だが、ここまでたどり着くまでの道のりは長く険しいものだった。

はじめの一歩

二〇〇八年九月、ナンシー・ペロシ米下院議長（当時）が広島で開催されたG8下院議長会議への出席にあわせて平和記念公園を訪れ、慰霊碑に献花した。〇九年一一月には、就任一年目のオバマ大統領が初めて訪日する際、被爆地訪問への期待が高まった。その年の四月のプラハ演説で、「核兵器のない世界」を提唱したからだ。

しかし、それまで米政府からは誰も広島市の平和記念式典に出席したことがなかった。いきなり大統領の広島訪問を実現させるのは政治的にも難しかった。

米政府は、ひとつひとつ積み木を重ねるように慎重に地ならしを進めていった。そのはじめの一歩が、広島市の平和記念式典に米政府の代表を出席させることだった。

被爆から六五年にあたる二〇一〇年八月六日、ジョン・ルース駐日大使（当時）が米政府代表として初めて平和記念式典に出席した。クリントン国務長官（当時）はその前日、「この記念日を認識するのは適切」との大統領の判断があったことを明らかにしている。

この年の式典には、潘基文《パンギムン》・国連事務総長も初参列したほか、核保有国の英、仏、ロシアも含め、過去最多となる七四カ国の代表が集った。それまでインド、パキスタン、ロシア、中国の代表が出席したことはあったが、米、英、仏は参列したことがなかっただけに、一九九八年から核保有国あてに招待状を送ってきた広島市の努力が報われたともいえた。

ただ、式典に出席したルース氏は終始硬い表情で、取材に応じないまま広島を去った。大使館を通じ、「未来の世代のため、核兵器のない世界を目指して今後も協力していかなければならない」との談話を出しただけだった。米政府としては、まだ反応を探っていた段階だった。

しかし、ルース米駐日大使はその後、二〇一二年、一三年にも広島の平和記念式典に参列した。一二年からは、長崎の平和祈念式典にも出席するようになった。

その流れは、後任のキャロライン・ケネディ駐日大使にも引き継がれた。ケネディ大使は、オバマ氏の信任が厚い。二〇歳だった一九七八年一月には、父親のジョン・F・ケネディ元大統領の弟で叔父の故エドワード・ケネディ上院議員と広島を訪れていた。大使就任を審議する米議会の公聴会では、「初めての日本では、広島への訪問で深く心を動かされた」と語った。

ケネディ大使は、二〇一四、一五年ともに、広島と長崎の「原爆の日」の式典に参列した。被爆地からは、大統領の訪問実現に向けて橋渡しをしてほしいとの期待が高まった。

日米両政府が訪問実現を意識

米政府と日本政府の高官の間で、オバマ氏の広島訪問が強く意識されるようになったのは二〇一五年のことである。

この年は、原爆投下、そして第二次世界大戦が終結して七〇周年の節目にあたる。安倍晋三首相は、首相としての談話を八月に発表する前に訪米したいと考えていた。日米両政府の調整で、安倍首相の訪米は国賓待遇となり、時期はゴールデンウイークにセットされた。

首相だけでなく、官邸、外務省の悲願は、訪米の際に米議会上下両院合同会議で演説をすることだった。安倍首相の祖父・岸信介首相や、池田勇人首相らが米上院で演説したことはあったが、両院合同会議で日本の首相が演説したことはなかった。

ワシントンの日本大使館幹部も、合同会議での演説実現に向けて、早くから米政府や米議会の幹部たちへの根回しを始めた。

その調整のプロセスで、米国務省の有力幹部は日本側に対して、「安倍首相が訪米する際に、ハワイの真珠湾に寄り、献花する。そうすれば、来年のオバマ訪日の際に広島に寄りやすくなる」と逆提案をした。

米国の大統領が広島に、日本の首相が真珠湾を訪ねて犠牲者を悼む「相互献花外交」は、元共同通信ワシントン支局長でジャーナリストの松尾文夫氏がかねて提唱してきた構想だ。

松尾氏は一一歳のとき、疎開中の福井市で米軍の空襲に遭う。郊外に逃げて命拾いしたが、同じ小学校に通う二六人の学友が亡くなった。

松尾氏は二〇年あまり前、ひとつのニュースに衝撃を受ける。ドイツのドレスデン大空襲五〇周年の追悼式典で、米英の軍幹部も参加し、格調高く和解が宣言されたことである。

松尾氏は「日米はなぜ、このような儀式ができないのか」と痛切に感じた。

「二一万人の広島・長崎の原爆犠牲者や夜間無差別爆撃の死者を弔う意味でも、米国の大統領が広島に献花してほしい。日本は、首相が「真珠湾の花束」で応えてほしい。日本の奇襲攻撃の犠牲になった戦艦アリゾナ号の記念館で献花してもらいたい」

松尾氏は、七年前に『オバマ大統領がヒロシマに献花する日』という本も出版している。

同様のアイデアは、これまで日米の外交筋でも浮かんだことはあったが、実現性は乏しいとして、すぐに消えた。戦後七〇周年のタイミングで、米国務省の有力幹部が非公式ながら提案したことで、注目される動きとなった。

しかし、この動きは、ホワイトハウスと連動したものではなかった。日本の外務省のある幹部は「まず米政府内でホワイトハウスを説得してから持ってきてほしい」と漏らした。当時の安倍首相本人にも、首相を支える官邸幹部にも、真珠湾訪問への意欲はなかった。その結果、「日米首脳の真珠湾、広島相互訪問」という国務省幹部の構想は大きな広がりをみせないまま、いったんは立ち消えになった。再び安倍首相の真珠湾訪問が取りざたされるようになるのは、オバマ氏の広島訪問が決まってからのことだ。

謝罪を求めない不思議

オバマ氏の側近、ライス大統領補佐官（国家安全保障担当）は二〇一六年五月中旬、米CNNテレビのインタビューで、司会者になぜ原爆投下の是非に踏み込まないのかと聞かれ、「興味深いことに、日本側は米国に謝罪を求めていない」と反射的に答えた。多くの日本人が米国人を恨まず、謝罪を求めていないとされていることに、ある種の不思議さを感じているようなニュアンスがにじんだ。

　ホワイトハウスでは、アーネスト大統領報道官らが毎日、記者会見を開いている。一時間あまりの会見時間の多くは、米大統領選など国内の話題に費やされる。しかし四月から五月にかけては、オバマ大統領の広島訪問が話題になることもあった。

　そのたびに、米国人のホワイトハウス担当記者が聞くのは、「謝罪するのか」「訪問による国内の反発を心配していないのか」といった質問だった。

　しかし、報道官はすぐさま「謝罪はしない」と断言した。報道官だけでなく、オバマ氏が謝罪を事前に否定できたのは、日本政府や被爆者の多くが、米国に対する謝罪要求をしなかったからにほかならない。その結果、保守色の強い共和党が、ことさら大統領の広島訪問を問題視しなかったという側面があった。退役軍人たちも強い反応を示さず、第二次大戦の元兵士が少なくなっていることも見逃せないだろう。

　広島県が米マンスフィールド財団に依頼し、ワシントンなどで行ったオバマ大統領の広島訪問についての調査結果も興味深い。同県は二〇一四年、大統領の広島訪問を実現させるためには何が必要かを知るため、米政界の意識を探ろうと考えた。そして、依頼を受けた同財団が翌一五年一月から三月にかけて、政権の政策決定に影響力のある米政府高官やシンクタンクの専門家、学者、議会関係者ら三〇～四〇人に聞き取り調査をした。

そこで出た調査結果は、以下のような三つの条件に集約された。

①大統領は、原爆投下について謝罪しない

②訪問は未来志向であるべきで、過去にとどまるのは望ましくない

③大統領が広島を訪問する前に、まずその下のレベルが行くべきだ

同財団のフランク・ジャヌージ理事長は、調査した当時は米政府高官も含め、大統領の広島訪問の是非について「まだ関心は薄かった」と振り返る。

それから一年後に実現したオバマ大統領の広島訪問は、結果的に三つの条件をすべて満たしていた。

年が明けて、二〇一六年二月になると、ホワイトハウスは広島訪問を現実のものとして意識し始めたようだ。ある米政府高官は「大統領は広島訪問に強い関心を持っている」とはっきり口にするようになった。

「広島を訪れるなら、どういう形式がいいと思うか」などと、より具体的なことを尋ねるようにもなった。この高官は、日本では政府だけでなく、被爆者を含め多くの人たちが謝罪を表立っては求めていないことをよく知っていた。大統領は謝罪しないものの、もし平和記念公園を訪れ、原爆死没者慰霊碑に献花をしたならば、日本の人にその気持ちが伝わるかを気にしていた。

個人的な考えとしながらも、大統領の広島訪問は「正しいことだと思う」（It's right thing to do.）とまで踏み込んで発言する高官もいた。この「正しいこと」という言い回しは、大統領の広島訪問が決まったのち、公式の場面でも使われるようになった。

米政府が対外的に見解を出すとき、ホワイトハウス、国務省、国防総省などですり合わせて、同じ言い回しをする傾向がある。「正しいこと」というフレーズがその後、頻繁に使われるようになったことから、オバマ大統領や一部のホワイトハウス中枢が、比較的早い時期から、訪問に向けた強い意志を持っていたことがうかがい知れる。

最後まで残った懸念は、広島訪問によって噴き出すかもしれない米国内の反発だった。

米国内では、「ポスト・オバマ」を決める大統領選のまっただ中。オバマ政権は、ブッシュ前政権とは異なり、米国の「単独行動主義」からは距離を置いている。政敵の共和党からすると、米国の単独行動を避け、国際社会との協調を重視しすぎるあまり、「弱腰」と映る。今回の広島訪問も「謝罪」と受け止められれば、共和党の大統領候補ドナルド・トランプ氏らから標的にされ、ヒラリー・クリントン氏ら民主党の大統領候補に不利になりかねなかった。このため政権内にも訪問への慎重論があった。

米国では、現職大統領の被爆地訪問はそれだけ込み入ったテーマだった。オバマ政権にとってリスクだったのは、訪問を快く思わない慎重派が「広島訪問＝謝罪」といった単純な図式に当てはめることだった。その議論に入り込むと、では米国は謝るべきなのか、いや日本はもっとひどいことをしたのではないか、といった歴史論争に陥ってしまう。

いまの日米関係は、紆余曲折を経て強固な同盟関係を築き、それぞれの国民も互いに良い感情を持っている。にもかかわらず、七十数年前に時計の針を戻し、どちらが悪かったという論争を始めてしまっては、良好な関係をさらにつくりあげるための訪問が本末転倒になってしまうという懸念があった。

そうならないためにも、オバマ政権は二〇一〇年以降、二人の駐日米大使、国務次官を広島や長崎の「原爆の日」の式典に出席させ、日米それぞれの慎重派たちがどんな反応を示すか見極めてきた。

そして「最大の関門」だった二〇一六年四月のケリー国務長官の広島訪問も成功した。

米政府高官は、「たとえ米国内で反発が起きたとしても、それは十分にコントロールできる。広島を訪問することについて、政治的に克服できそうにない不安があるからと言って、それを言い訳に（訪問しないと）するのは過ちだ」と自信を示すようになった。

また別の高官は「大統領の広島訪問は大きなニュースにはなるが、米国では日々のニュースサイクルの一つに過ぎないだろう。数日後には落ち着く」との見通しを語っていた。共和党などから批判の声が上がっても、大きな問題にはならないとの見立てである。

そして決断された

そして、オバマ大統領が最終的に広島訪問を決めたのは、五月五日だった。ホワイトハウス内で今回の広島訪問を決める過程を知る関係者はこう明かす。

オバマ大統領はこの日、側近にその決断を伝え、米側は内々に日本側と調整に入った。大統領が希望した広島訪問の日時は、五月二七日の夕方。その日の昼過ぎまで伊勢志摩サミットの日程が詰まっていたので、Ｇ７議長である安倍首相が一緒に広島の平和記念公園を訪れることができるかどうかを確認する必要があった。

米側が日本側に連絡したとき、安倍首相は欧州とロシアを外遊している最中だった。日米のごく限られた高官だけでやり取りし、ともに箝口《かんこう》令が敷かれた。

日本側からも「歓迎」の意が伝えられ、ホワイトハウスが正式に大統領の広島訪問を決定したのは米東部時間の五月九日。そして翌朝、「安倍首相とともに歴史的な訪問をし、核兵器のない平和で安全な世界を目指す」との声明を発表した。オバマ大統領が外遊に出発するまで、二週間を切っていた。警備などの準備期間を考えて五月上旬までには決めなければならない、ぎりぎりのタイミングだった。

「大統領がこの都市（広島）、そして歴史的な場所を訪れる適切な時期だと思う」

ホワイトハウスが大統領の広島訪問を発表した五月一〇日、大統領の側近で、外交などのスピーチライターを務めるベン・ローズ大統領副補佐官が自身のブログにこう綴った。ローズ氏は、大統領の広島訪問を特に熱心に実現させようとした人物だった。

このブログは、ローズ氏がオバマ大統領の外交成果を紹介するもので、その回は、四月に原爆ドームを視察するケリー国務長官や、広島城から街並みを眺めるケネディ大使らの写真が大きく使われていた。広島訪問の発表にあわせて、凝ったブログを公表するところからも、歴史的な訪問を控えた政権の高揚感が伝わってきた。

ローズ氏は「大統領は、とてつもなく破壊的な戦争による人類の犠牲にスポットライトを当てる」と訪問の意義を強調した。そして、「核兵器のない平和で安全な社会」を実現するために取り組むことを再確認する、とオバマ大統領の信念についても記した。

ワシントンの安全保障専門家らの一部には、北朝鮮が核兵器や弾道ミサイルの開発を進めているなか、核兵器のない世界を強調する演説をするのは政治的にナイーブすぎて、逆に抑止力を損なうと心配する意見もあった。こうした点も意識したのか、ローズ氏は「在日米軍が、この地域の平和と安全を保障し、同盟国を防衛していることに誇りを持っている」と現実的な側面もみせた。そのうえで、こうした安全保障面での取り組みを進めながら、核兵器のない世界を目指していくという政権の思いも付け加えた。

「第二次大戦のことを思えば、いま私たちが謳歌している日本との関係は想像もつかない」

ローズ氏は、ブログの最後にこうも綴った。これまで七〇年以上かけて築き上げてきた日米の深い絆に光を当て、子や孫の世代につなげていくという思いだった。

折り鶴の真実

そして、オバマ大統領による歴史的な訪問が実現した五月二七日。大統領はちょっとしたサプライズを用意していた。自ら折った和紙の折り鶴四羽を忍ばせていた。

白地に青の折り鶴と桃色のそれを小中学生二人に一羽ずつ手渡し、メッセージを書くと、赤とオレンジ色の残りの二羽をその上にそっと置いた。

実はこの折り鶴にも、オバマ氏の広島訪問を成功させようというホワイトハウス高官らの思いがあった。

折り鶴は、原爆投下の一〇年後、白血病で亡くなった少女、佐々木禎子さんにまつわる「平和のシンボル」。それをオバマ氏に折ってもらおうと思いついたのは、ホワイトハウス国家安全保障会議（ＮＳＣ）の幹部だった。この幹部は、折り鶴が日本の文化に根ざしていることを知っていた。大統領が自分で折って手渡したらどうかと提案したところ、「それはいい」とすぐに決まったという。

この折り鶴は二七日午後、伊勢志摩サミットが終わって広島に移動する際、中部空港から米海兵隊岩国基地（山口県）までの大統領専用機「エアフォース・ワン」の機中で折られた。ただ、オバマ氏は鶴の折り方を知らない。そこで同行していた、NSCでアジア政策を統括するダニエル・クリテンブリンク・アジア上級部長らが手ほどきした。

クリテンブリンク氏をはじめ、NSCのアジア部門には複数の知日派幹部がいる。彼らは日本人のメンタリティーもよく理解しているだけに、オバマ大統領手作りの折り鶴がどれだけ日本人の心に響くかもよく分かっていた。

さらにこの二人に加え、ケリー長官の広島訪問のときにも重要な役割を果たした米国務省のダニエル・ラッセル国務次官補（東アジア・太平洋担当）の存在も見逃せない。二〇一三年までNSCアジア上級部長を務め、オバマ大統領の広島訪問には常に前向きだった。ラッセル氏も日本語が堪能で、在大阪・神戸米国総領事を務めたこともある。

原爆投下から七一年目にして米国大統領として初めての広島訪問という歴史的なイベントが日米両国で好意的に受け止められたのには、こうした知日派がホワイトハウス、国務省でアジアや対日関係を統括する主要ポストを占め、オバマ氏や側近に日本人の感覚を的確に伝えることができたことも無縁ではないだろう。

日本はNPDIから念頭に

オバマ米大統領の広島訪問に、日本政府はどう向き合い、準備を進めたのか。日本側の立役者として欠かせないのは岸田文雄外相だ。平和記念公園のある広島市中区を含む衆議院広島一区の選出。支持者には被爆者も少なくない。自民党のリベラル派として知られる「宏池会」（岸田派）の会長でもある。

外務省幹部らが、オバマ氏の広島訪問について「来てもらえればありがたいけれども……」という姿勢だったのに対し、岸田氏は実現にこだわった。外務省内では「大臣はすっかり熱くなっている。官邸だって積極的に動こうとしていないのに」との声が漏れた。

岸田氏がオバマ氏の広島訪問を念頭において初めて行動したのは、二〇一四年四月、広島市で開かれた核軍縮・不拡散イニシアチブ（ＮＰＤＩ）の広島外相会合でのことだ。

ＮＰＤＩは、「核兵器のない世界」の実現をめざし、非核保有国の日本、豪州、ドイツ、オランダ、ポーランド、カナダ、メキシコ、チリ、ナイジェリア、トルコ、フィリピン、ＵＡＥ（アラブ首長国連邦）の計一二カ国の外相らが議論する枠組みだ。岸田氏は議長として、瀬戸内海に面したグランドプリンスホテル広島で開かれた会合を仕切った。

その席上、岸田氏は「世界の国のリーダーが被爆の実相に触れることが大切だ」として、米ロなど核保有国を含む、すべての国の政治指導者に被爆地訪問を求める文言を共同宣言に盛り込むことを提案した。ＮＰＤＩがまとめた「広島宣言」には、一二カ国の外相の総意として「世界の政治指導者たちにも、その（原子爆弾の）非人道的な結末を自身の目で確かめるため、広島及び長崎を訪問するよう呼びかける」（外務省訳）と記された。

この時点ではオバマ氏が広島を訪問する見通しがあったわけではない。国名を明示しなかったことに示されるように、訪問するかどうかはあくまで当事国が決めることだという形を取った。

会議には、米国務省が派遣したローズ・ゴットメラー国務次官（軍縮・不拡散担当）もオブザーバー参加していた。ＮＰＤＩの会合に米政府高官が参加するのは初めて。少なくとも、オバマ氏が広島、長崎を訪れる場合、日本政府は歓迎するという意思は米側に伝わった。

翌一五年四月、米ニューヨークの国連本部で核不拡散条約（ＮＰＴ）再検討会議が開かれた。開会日に演説をした岸田外相は「核兵器国を含め、政治指導者に広島と長崎を訪れ、自らの目で被爆の実相を見てほしい」と踏み込んだ。「核兵器国を含め」と言及したことで、米国を意識していることが明らかになった。

五年に一度開かれるNPT再検討会議では、核軍縮分野の合意点など議論の成果を盛り込んだ最終文書を採択する。岸田氏の指示を受けた日本の外交団は、最終文書に、世界の指導者らの被爆地訪問を求める文言を入れるよう働きかけた。最終文書の素案第一稿には、世界の指導者や軍縮の専門家、若者に「核兵器使用の壊滅的な人道上の結末を自分の目で確認し、生存者（被爆者）の証言に耳を傾けるため」に広島、長崎への訪問を提案するとの一文が入った。

ところがここで事件が起きる。最終文書の素案第二稿で、世界の指導者らに被爆地訪問を提案する部分がごっそり削除されたのだった。削除を求めたのは中国だった。傅聡軍縮大使は記者団に「日本政府が、第二次世界大戦の加害者でなく被害者として日本を描こうとしていることに同意できない」と述べた。

日本側は巻き返しに出た。首相官邸の指示で杉山晋輔《しんすけ》外務審議官がニューヨーク入りし、形勢逆転を狙って文言復活を求める演説をした。杉山氏は「私は政府の首脳の指示を受けている」と強調し、原爆被害への理解を深めるのに「最も効果的な方法の一つは広島と長崎の訪問だ」と述べた。

しかし、文言は復活しなかった。最終文書の採択は、全会一致が原則。中国が最後まで反対し、フェルキ議長（アルジェリア）がこの問題を切り離すと決断したためだ。日本にとって痛恨事だったが、NPT再検討会議の決裂までは望んでいなかった。

NPT再検討会議は、日中間の軋轢とはまた別の理由で、最終文書を採択できずに閉幕した。「中東問題」に関する記述を理由に、米国、英国、カナダが土壇場で賛同しなかったためだ。

次に岸田氏が取り組んだのは、二〇一五年の国連総会で、日本政府が提案する「核兵器廃絶への行動を呼びかける決議」に、世界の指導者らの被爆地訪問を盛り込むことだった。

日本政府は一九九四年から同様の決議を提出し、毎年賛成多数で採択されている。オバマ政権が誕生した二〇〇九年以降、米国は毎年賛成するようになり、英国やフランスも相次いで賛成するようになった。政治指導者の被爆地訪問の奨励を盛り込んだ決議が米英仏の賛同を得て採択されれば、訪問の実現に向けて一歩前進するとの狙いがあった。

ところが、ここでも誤算が生じた。決議案は二〇一五年一二月、国連総会で一六六カ国の賛成多数で採択されたが、米英仏の核保有国三カ国が棄権したのだ。中国とロシアは反対に回った。

米英仏が一転して棄権した背景には、日本の決議案に「核兵器の非人道性」を強調する内容を含んでいたことがある。NPT再検討会議が決裂した後、オーストリアやメキシコなどの非核保有国は「核兵器の非人道性」の認識をテコに、核兵器禁止条約の実現に動いていた。

米国など核保有国には強い警戒感があり、そのあおりで日本の決議案への賛同に消極的になったとみられる。被爆地訪問奨励を盛り込んだ国連決議に、米英仏の賛同を得るという目算は外れた。

神経戦の調整

ただ、岸田氏にはもう一枚、重要なカードがあった。二〇一六年四月に被爆地・広島で開催される主要七カ国（G7）広島外相会合だ。

もともと広島市は、八年ぶりに日本で開催されるG7サミットの会場誘致の方針を表明していた。サミット開催地が三重県志摩市に決まった後、岸田氏の働きかけで、広島市を外相会合の開催地とすることが閣議決定された。その時点で、米国のケリー国務長官を含めたG7外相の広島訪問が決まったことになる。各国のトップではないにせよ、主要国の筆頭閣僚たちが広島を訪れる意義は大きい。

焦点はG7外相、特にケリー氏を平和記念公園に誘えるかどうか、そして、平和記念資料館（原爆資料館）を見学し、原爆死没者慰霊碑に献花してもらえるかどうかだった。

G7広島外相会合のメーン会場は、広島市南区元宇品《もとうじな》町のグランドプリンスホテル広島だ。

瀬戸内海の島々の眺望が素晴らしいホテルで、地形的に警備が容易なことから、NPDI広島会合など数々の国際会議で使われてきた。

しかし、このホテルで会合するだけでは、広島を訪れたことにはなっても、被爆の実相に触れたことにはならない。ホテルから平和記念公園まで約六キロ離れている。外相たちが公園に寄らず、ホテルで会合をして帰るだけなら「何のために広島で開いたのか」「場所貸しだったのか」と、被爆者らから猛反発を受けることになりかねない。

G7外相に平和記念公園訪問の同意を取り付け、公式日程に入れられるかどうか。岸田氏はその調整に半年近い時間をかけた。そして、神経戦のような調整は、結果的にはオバマ氏の広島訪問実現の下地を作ることになった。

二〇一五年一二月一四日夕、広島市の平和記念公園。岸田氏は記者団の取材に答える「ぶら下がり取材」に応じた。その日、岸田氏は「広島外相会合に向けた視察」として、外務省担当の記者たちとともに、会場となるグランドプリンスホテルや廿日市市の宮島（厳島）を訪れた。その締めくくりに宮島から船を使って着いたのが、平和記念公園だった。岸田氏は緊張した面持ちで記者団に語った。

「世界の指導者に被爆地を訪問していただき、被爆の実相に触れてもらうことは、核兵器のない世界を実現しようという機運を高めていく上で大変重要だ。自然な形で公園を訪問していただけるよう関連行事を検討したい」

ポイントは「自然な形」だった。

そのころ岸田氏は、「仮に俺が「米国の指導者に」と口に出した時点でつぶれる」と苦しい胸の内を周囲に語っていた。

G7外相、特に米国のケリー国務長官に平和記念公園訪問を直接促せば、踏み絵を踏ませることになる。米国では原爆投下を正当化する論が根強い。「ケリーは謝罪のために広島に行くのか」といった米世論の反発を呼び、訪問を難しくする可能性があった。

注意が必要なのは米国だけではない。核保有国であるフランスは昨今、広島・長崎に象徴される「核兵器の非人道性」の認識が国際社会で広がっていることを警戒している。核兵器使用を人的犠牲の側面から論じることは、自国の安全保障を縛る「核兵器の法的禁止」につながりかねないと懸念しているからだ。二〇一五年の国連総会で、フランスが米英とともに、前年まで賛同していた日本提案の核廃絶決議を棄権したことは、先に触れた通りだ。

一方、他の国の外相も、米国などが平和記念公園訪問を見送った場合、見合わせる可能性があった。中国、インド、南アフリカなど新興国が加わる主要二〇カ国・地域（G20）に押されつつあるとされるG7は、「結束の堅さ」が売り物だからだ。

岸田氏が取ったのは「急がば回れ」という道筋だ。G7外相一人ずつと会談し、膝を突き合わせて熱意を伝えることだった。

手始めは二月のカナダ訪問だった。日本の現職の外相が、国際会議を除いてカナダを訪問したのは二〇年ぶり。行き帰りの機内でそれぞれ一泊、カナダで一泊の「一泊三日」の強行日程だった。外務省幹部は「普通はカナダと米国のセットの訪問で、カナダ単独訪問はあり得ないスケジュールだった」と話す。

首都オタワの気温はマイナス二〇度を下回った。真っ白い氷の浮いたオタワ川を望むグローバル連携省で岸田氏を出迎えたディオン外相は、二〇一五年一一月の政権交代で外相に就任したばかり。岸田氏の訪問に心底感激した様子で、会談後の記者会見で「外はとても寒いが日本との心（関係）はとても暖かい」と高く評価した。ディオン外相は「広島平和記念公園を訪れるつもりはあるか」という記者からの質問に答える形で、「G7のすべてのメンバーにとって適切な状況でなければならない」と条件をつけつつも、「喜んでミュージアムを訪問したい」と述べ、G7外相としては初めて、原爆資料館がある広島平和記念公園の訪問に前向きな姿勢を示した。

岸田氏は三月にはフランス、イタリアを訪問し、地ならしに努めた。ただ、何と言っても最大の関門は米国だった。

ケリー国務長官が就任したのは二〇一三年二月。外相としては岸田氏の方が約二カ月先輩格だ。この間、二人は一〇回以上の外相会談を積み重ね、互いに「ジョン」「フミオ」と呼び合い、気心の知れた関係になっていた。

ケリー氏が「個人的な思い」として平和記念公園を訪れる意向を持っていることは、早い段階から伝わっていた。問題は米政府の重要閣僚として訪問を決断できるかどうかだった。

岸田氏は、月一度は行う電話協議で、ケリー氏に思いを伝えた。「決して米国に謝罪を求めているのではない。人類の悲劇を二度と起こしてはならない。その思いを確認してもらうためにも訪問してほしい」。ケリー氏というよりも、米政府、米世論に向けたメッセージだった。

二〇一六年三月、日米当局者は、G７外相の公園訪問があり得ることを前提に最終調整を行った。米側は日本外務省に、G７外相の献花が想定される原爆死没者慰霊碑の碑文の英訳を求めてきた。

一九五二年に建立された慰霊碑には、「安らかに眠って下さい　過ちは　繰返しませぬから」という碑文が刻まれている。起草したのは雑賀《さいが》忠義《ただよし》・広島大名誉教授（一八九四～一九六一）。完成当初から、「過ち」の主語が誰であるかをめぐって論争が起きた。雑賀氏が「広島市民であるとともに「世界市民」であるわれわれが、過ちを繰り返さないと霊前に誓うものだ」と補足説明したという逸話が残っている。

米国が懸念したのは、碑文の「過ち」の主語が「米国」という解釈があり得るかどうかだった。対応した外務省幹部は、ここまで米国は神経質になっているのかと驚いた。外務省の杉山外務審議官は、「過ち」の主語は「WE」（私たち）であり、人類そのものを意味しており、原爆投下国を特定した表現ではないと米側に説明した。日米当局者は「ケリー長官が慰霊碑に献花することは、米国が原爆投下を謝罪することを意味するものではない」との確認をした。この時点でケリー氏の訪問は揺るがないものになった。

四月二日、岸田氏は地元広島市で、G7外相全員が平和記念公園を訪れると正式発表した。「G7には核兵器国、非核兵器国の双方がある。それぞれ立場も考え方も違う。きわめて丁寧に、慎重に調整を行ったが、ようやく各国の合意を得られた」

万一、G7外相の公園訪問が実現しなければ、オバマ氏の広島訪問のハードルは極めて高くなっていた。岸田氏の言葉には安堵がにじんでいた。

「できすぎ」だったケリー訪問

九日後の四月一一日、ケリー氏を含むG7外相たちの平和記念公園への訪問は、「できすぎ」（外務省幹部）という想定以上の結果になった。米世論を刺激すると懸念された原爆資料館の視察では、ケリー氏が説明文の英訳をじっくりと読みこみ、予定していた三〇分の時間を二〇分もオーバーした。岸田氏の隣で慰霊碑に献花したケリー氏は、「原爆ドームを見てみたい」と切り出し、急きょ全員がドームへと足を運ぶという異例の展開になった。周囲で警備にあたっていた警察官からどよめきが起こるほどだった。

達成感を象徴するかのように、霞が関の外務省正面玄関には、原爆ドームをバックに岸田氏とケリー氏が寄り添った写真が掲げられた。外務省幹部は「これこそ、強固な日米同盟を象徴するものだ」と声を上げた。広島という第二次世界大戦の象徴的な地で日米関係の親密さを世界にアピールしたことは、核ミサイル開発を続ける北朝鮮や強引な海洋進出を続ける中国などへの抑止力になるとの政治的思惑でもあった。

ケリー氏らの平和記念公園訪問の成功の陰で、G7外相が発表した「広島宣言」は中途半端なものになった。広島・長崎への原爆投下による「非人間的な苦難（外務省訳）」に言及したものの、唯一の戦争被爆国として日本が従来主張してきた「核兵器の非人道性」という表現は封印された。「核兵器の非人道性」に過敏になっている米国やフランスなどに配慮した結果だった。これには専門家らから、宣言原文の〈human suffering〉（人的苦痛）を「非人間的な苦難」と意訳して、「非人道性」に近い日本語を無理に盛り込んだとの批判の声が上がった。

G7広島外相会合からオバマ大統領の広島訪問の正式決定まで約一カ月。岸田氏は沈黙を続けた。記者会見で問われても「世界の政治の指導者が被爆地を訪問することは「核兵器のない世界」を作る国際的な機運を盛り上げる意味で重要だ。ただ、米国大統領の具体的な日程について何か申し上げることは控える」という答えに終始した。

一方で、周囲には「これは最初で最後のチャンスなんだ」と語っていた。日ごろ感情を顔に出さないことで知られる岸田氏だが、切迫感を漂わせる場面が多くなった。

米国では、大統領選の予備選で共和党のトランプ候補が勢いを伸ばしつつあった。仮に秋の大統領選でトランプ氏が当選すれば、オバマ氏が掲げてきた「核兵器のない世界」の実現は反故にされる可能性が高い。米大統領の被爆地訪問も遠のく。岸田氏にはそんな焦りがあった。

首相官邸関係者や外務省幹部にとってもじれったい日々が続いた。外務省は当初、大型連休前の四月末までには米国から意向が伝えられるとみていた。だが、連絡はなかった。しびれを切らし、五月に入って外務省北米局が問い合わせたが「まだ検討している」と素っ気ない返答だった。「大統領の広島訪問は実現しないかもしれない」と焦る外務省幹部もいた。

日本側は待ちの姿勢に徹するしかなかった。ケリー氏の平和記念公園訪問が成功し、米政権中枢にオバマ氏の広島訪問の意義が浸透しつつあるという自信は持っていた。ただ、米世論にとってデリケートなテーマだけに、日本側から回答を催促するのはマイナスになると意識していた。ホワイトハウスが、オバマ氏の広島訪問が国内外に与える影響を慎重に見極めている様子は伝わってきた。ある外務省幹部はつぶやいた。「最後は米政府全体の判断だ。向こうはいま、サイコロを転がしながら考えている」

そして、オバマ氏が広島を訪問すると日米政府が同時発表したのは、五月一〇日の午後九時（米国時間一〇日午前八時）だった。

ようやく決まった被爆者との対話

五月一一日午前、羽田空港。

米国出張から帰国したばかりの外務省北米局幹部は、携帯に届いた一通のメールを見て眠気が一気に吹き飛んだ。オバマ大統領の訪問準備をするため、そのまま広島に向かうよう指示されたからだ。「ロジ担」任務の始まりだった。

「ロジ担」とは、要人訪問や国際会議などの舞台裏を整える担当者のことだ。相手国と調整して訪問先や面会者を決め、分刻みのスケジュール表を作成し、会場の準備をする。日本外務省のロジ担の「緻密さ」は海外でも定評がある。その分、準備には十分な時間が必要となる。

ところが、ホワイトハウスがオバマ氏の広島訪問を「長考」（外務省幹部）したため、実質的な準備期間は二週間しかなかった。前例がなかった。広島入りした幹部は、まずは広島市役所や広島県庁の担当者に名刺を配り、平和記念公園を歩くことから始めた。

ホワイトハウスから示されたスケジュールは厳しいものだった。

広島訪問の当日（五月二七日）、オバマ氏は午後一時半ごろまで、伊勢志摩サミットに出席する。その後、大統領専用機「エアフォース・ワン」と専用ヘリ「マリーンワン」を乗り継いで広島に入る。経由地の米軍岩国基地では在日米軍の将兵らを前に演説する。ワシントンには二八日朝（米国時間）に到着しなければならず、二七日午後七時過ぎ（日本時間）には岩国基地から専用機で飛び立たなければならない――。

逆算すると、広島での滞在時間は一時間半しか確保できないことがわかった。

一方、首相官邸は、日の高いうちに平和記念公園で、安倍首相と岸田外相、オバマ大統領、ケネディ駐日大使の四人が並ぶ場面を作るように求めた。世界中から訪れる取材陣のカメラを意識してのことだ。官邸はオバマ氏の広島訪問を、日米同盟の結束をアピールし、七月の参議院選挙に向けて支持率の浮揚につなげたいとの思惑を持っていた。

五月一八日夜、ホワイトハウスの先遣隊が広島入りした。大統領の警護を担当するシークレット・サービスも同行し、平和記念公園を念入りに調査した。オバマ氏の原爆ドーム視察は見送られ、元安川を挟んだ遠くから見ることになった。周辺に立ち並ぶビルからの狙撃を防げないなど、セキュリティ面での不安が指摘されたためだ。

原爆資料館の訪問は早々に決まった。ただ、見学時間を確保できず、主要な展示物を入り口に集めて一〇分程度見てもらうことになった。四月に資料館を訪問したケリー国務長官が約五〇分間見学したのと比べるとわずかな時間だが、「資料館に立ち寄らなければ、「被爆の実相」に触れることにならない」との地元広島の思いには何とか沿うことになった。

原爆死没者慰霊碑に献花し、演説するセレモニーに被爆者を招くことでも、日米の意向はすんなり一致した。被爆者を含む約一〇〇人の招待客は日米それぞれが選ぶことにした。

日本政府が招待した被爆者は、日本被団協の役員だ。事務局長の田中熙巳さん（八四）、代表委員の谷口稜曄《すみてる》さん（八七）、代表委員の坪井直さん（九一）、岩佐幹三さん（八七）の四人だった。政府関係者は「日本被団協の代表メンバーであれば、どこからも文句は出ないと考えた」と話す。ただ、谷口さんは体調不良で出席できなかったため、実際に出席したのは三人だった。

一方、米政府が招待した被爆者の筆頭は、広島原爆で死亡した米兵捕虜の研究をしてきた森重昭さん（七九）。今年初め、森さんの活動を追った米監督のドキュメンタリー映画「Paper

Lanterns（灯籠《とうろう》流し）」が完成し、米ボストンの試写会ではケネディ駐日大使があいさつするなど、日米関係者の間では知る人ぞ知る存在だった。

米政府はほかに、二歳上の兄を広島の原爆で、三五歳の長男をニューヨークの同時多発テロで亡くした伊東次男さん（八一）、米カリフォルニア州から駆けつけたカノ・ヨリエさん（七三）ら、米国現代史と関わる被爆者を招待した。米側もまた、自国民への「見え方」を計算していた。

最後まで決まらなかったのが、オバマ氏と被爆者の「対話」だった。米国の世論を最も刺激しうる場面であることは間違いなかった。また、広島県民がオバマ氏をどのように迎えるのか予想できないという懸念もあった。結局、「オバマ氏が実際に平和記念公園に立ち、雰囲気を見ながら判断する」という「出たとこ勝負」となった。実現したときに備えて、通訳をあらかじめ手配しておくことにした。

広島訪問の調整がほぼ整った五月二五日夜、外務省に緊張が走った。

伊勢志摩サミットに先だって開かれた日米首脳会談の共同記者会見。安倍首相は、沖縄県で起きた米軍属による女性死体遺棄事件についてオバマ氏に「断固抗議」したと繰り返し強調した。会見は、予定の十分を大幅に超え、五〇分となった。ＮＨＫで生中継されたことから、「やり過ぎだという批判が米国側から出ている」という情報が政府関係者にもたらされたのだ。

「それはそれ、これはこれと割り切っていた。それぐらいの信頼関係はある」。外務省幹部は平静を装った。だが、翌日のワシントン・ポスト紙（電子版）など米主要メディアはそろって、安倍首相が「驚くほど強い言葉を用いた」としたうえで、広島訪問に水を差す恐れもあると指摘した。

「オバマ氏と被爆者の対話が実現するか、本当にわかりません」。オバマ氏が広島を訪問する五月二七日の昼の段階でも、外務省報道課は記者団にこう説明するしかなかった。

午後五時、平和記念公園。外務省はオバマ氏との「対話」に備えて、坪井さん、森さんの被爆者二人を招待客席の最前列に案内し、通訳を配置した。

「オバマ氏は被爆者に語りかける。握手もするだろう」

米側から最終決定がもたらされたのは、オバマ氏が広島に到着するころだった。坪井さんと森さんが外務省の森健良・北米局長からそのことを伝えられたのは、セレモニーが始まる約一〇分前だった。

オバマ氏は演説を終えた後、坪井さんと森さんに語りかけた。そして森さんを抱き寄せた。歴史的場面として世界に配信された「ハグ」。それは、日米の事務当局者が全く想定していなかった出来事だった。

オバマ大統領への三つの注文

黒澤満　大阪女学院大学大学院教授

現職のアメリカの大統領であるオバマ氏が広島を訪問することを正式に決めたとき、私は全面的に歓迎すると述べた。まさに初めてのことであり、高く評価したいと。ただ、三つの注文をつけました。

一つ目は、被爆者との対話だった。今年四月の主要七カ国（G７）外相会合で広島を訪れたケリー米国務長官は、平和公園の原爆死没者慰霊碑に献花し、平和記念資料館を見学し、原爆ドームまで足を伸ばした。大統領訪問の下地を整える重要な役割を担ったが、被爆者と直接語る機会や場面はなかった。オバマ氏にはぜひとも、被爆者の証言を直接聞いてもらいたいと思っていた。

二つ目は演説。「核兵器なき世界」を提唱した二〇〇九年のプラハ演説を超える演説をしてほしい、核兵器をなくす方向へ一歩でも二歩でも前進させてほしいと。核兵器が二度と使われないことが人類共通の利益であり、七〇年余にわたって実戦で使われずに来た歩みを続けることが世界の利益となる。そうしたメッセージを明確に示してほしいと思っていた。

三つ目は、具体的な行動だ。残されたオバマ氏の任期中に、具体的な核軍縮措置を打ち出してほしい。例えば、新しい戦略兵器削減条約（新ＳＴＡＲＴ）を締結した後、ウクライナ問題が原因で停滞しているロシアとの核軍縮交渉を前に進めること。あるいは、まずアメリカが一方的に核を大きく減らすなど思い切った行動に出ること。核兵器の近代化・増強路線から手を引くことや、核兵器を瞬時に撃ち合える高度警戒態勢を米ロがともに解除することも選択肢の一つだろう。

そして、実際のオバマ氏の広島訪問はどうだったか。

演説は広島への原爆投下の瞬間から始まり、「人類が自らを破滅させる手段を持った」などの表現を使ったうえで、核兵器は人類全体の問題であると明確に打ち出しました。「科学技術の進歩は、人間社会に同等の進歩が伴わなければ人類を破滅させる恐れがある」とも語りました。「人類は共通の存在である」として、戦争のない世界を求めるべきだとし、「ヒロシマ」との関係で「人類」を強調していたのが印象的でした。アメリカが良いとかロシアが悪いとかそういう話ではなく、広島に原爆が落ちたことが我々に何を教えているのか、人類は全体として考えなければならないという発想です。

そして演説は、原爆に限らず、戦争全般の話に移った。戦争を避けて平和的解決をしなければならないとして、核の問題から離れて戦争全体にかなり多くの時間を費やして話をした。それにはプラスとマイナスがあり、もう少し核に特化してくれても良いかなとは感じました。

ただ、三つの注文の最後に挙げたような、具体的な核軍縮に対する言及や提案がまったくなかったのは残念でした。「核兵器のない世界を求める」とか、「核は二度と使われてはならない」とは言っていますが、そのためにはどうするのかという具体的な措置について話は出てこなかった。

来日前、オバマ氏の広島でのスピーチは短いと予想され、広島平和記念資料館への訪問も被爆者との対面も実現するかどうかは分からないと言われていました。しかし、不十分とはいえ被爆者と話をし、平和記念資料館にも足を運びました。ただ、重要なのは、資料館を訪れ、被爆者に会って何を感じ取ったかです。

広島に実際に来れば誰しも、心を動かされ、感動する。オバマ氏自身にも、それがあったと期待しています。

オバマ氏にだけでなく、日本政府にも対応を求めたい。政府は長らくアメリカの「核抑止力」に頼り、核兵器の不使用を積極的に提唱できずにきた。オバマ氏が「核兵器は人類全体の問題だ」と強いメッセージを打ち出した今、唯一の戦争被爆国である日本こそ、積極的に受け止めて対応してほしい。

くろさわ・みつる
一九四五年生まれ。大阪大学名誉教授。日本軍縮学会初代会長。長崎大学核兵器廃絶研究

センター顧問、ＮＰＴ再検討会議日本政府代表団顧問を務める。近著に『核兵器のない世界へ』など。

恨みや怒りは平和を創る原動力

平岡敬　元広島市長

オバマ大統領が何のために広島に来たのか。結局わからずじまいでした。彼の個人的なレガシー（政治的遺産）づくりの「貸座敷」にされてしまった印象です。

広島演説は「空から死が降ってきた」で、まず始まりました。原爆は自然現象じゃない。明確な「人災」なのに。そして文中に「アメリカ」が主語として一度も登場せず、いかに主体をあいまいにするかに終始していました。

戦争観や文明観にも何ら目新しいものは、ありませんでした。

アメリカの大統領は世界一の権力を持っています。本気で核をなくそうと思っているなら、もっと現実的なことを語るべきでした。哲学者や宗教家の演説ならともかく、あれで感動するほうがおかしい。敗戦後、多くの日本人が連合国軍最高司令官のマッカーサーを神様のようにあがめていた情景をふと連想しました。

だいたい、広島演説だけを切り取って賛美するのは間違いです。あの日の一連の言動、そして、彼が政治家としてこれまで何をしてきたか。アメリカはいま地球上で何をしているのか。そういう全体の動きの中に位置付けて評価しないといけません。

オバマ氏は、広島に赴く直前に米海兵隊岩国基地でスピーチし、日米同盟の強さを誇った。日米同盟とは何か。「核の傘」を主軸にしており、「力による平和」そのものです。そういう考えがオバマ氏の根底にはあると思うのです。

ところが広島ではうってかわって厳粛な顔で演説した。政治家の常とは言え、あまりに鮮やかな変わり身に驚きました。

そして、核兵器の発射装置が入った「核のフットボール」を広島に携えていった。被爆地からボタンを押す可能性もあったということです。これはもうマンガです。

では、オバマ氏が核問題で七年超の任期中にしてきたことを振り返ってみたい。

プラハ演説で「核兵器のない世界」を打ち出したものの、現実の成果といえばロシアとの交渉で多少、核弾頭を削減したぐらい。公約していた包括的核実験禁止条約（ＣＴＢＴ）の批准もまだできていません。

一方で、未臨界核実験を繰り返し、今後三〇年で一兆ドル以上を費やして核兵器の近代化を進めるといいます。いずれも核兵器廃絶に明らかに逆行するものです。いくら美辞麗句を並べても、言行不一致はいちじるしい。

僕はオバマ氏がもし広島に来るなら、「原爆を投下した責任を認めるべきだ」と言い続けてきました。非を認め、反省して償い、再発防止を誓ってこそ、初めて本当の和解が成り立つと考えるからです。

核兵器を二度と使わせないためにも、まず責任を明確にしないといけない。「間違っていた」という認識を持てば、おのずと核兵器の禁止に向かっていくはずです。

ところが今回、日本政府は早々と「謝罪を要求しない」と表明し、広島市長らも追随した。原爆で死んだ人たちのことを何も考えていない対応だったと思います。

僕は恨みとか怒りとか憎しみというのは大事だと思っている。平和を創り出す原動力になるからです。

原爆投下の責任追及もせず、怒りも忘れたまま、「唯一の被爆国」と言い続けても、世界に対してどれだけ通用するのでしょうか。

安倍晋三首相は広島での演説で、日米の「和解」を強調しましたが、まるで米国の過ちを許してしまったかのように見えました。死者たちは果たして許すでしょうか。

しかも沖縄で女性が殺害され、米軍属が逮捕された事件の直後なのに、それについての言及もなかった。これでアメリカに従属していることが改めてはっきりしました。

日本が今後、アジアに対しても「あやまらなくていい」という先例として利用されかねず、禍根を残したと思います。韓国の被爆者が「謝罪がなかった」と批判したのは当然です。日米で勝手に「和解」するな、ということでしょう。

オバマ氏の広島訪問はメディアなどで「歴史的」とたたえられた。確かに年表に載る出来事ですが、本当に「歴史的」といえるのは、そのことによって核廃絶が前進したときではないでしょうか。

僕は「原爆投下責任」を口にすることができないような空気が生まれはしないか、と心配しています。

改めて思うのは、人頼みではだめだ、ということです。オバマ氏は、しょせんアメリカの大統領。当然ながらアメリカの国益を優先するから、彼は戦争を止めろとは、命令しない。彼によって何かが変わる、と期待することがそもそも甘いのです。

被爆地、そして日本は、自分たちで平和を切り開いていく覚悟を示さないといけません。「核の傘という力に頼る平和は間違っている。力に頼らない平和構築を目指していかないと」と言い続けるべきです。理想論と言われがちですが、理想を掲げていかなければ、現実は変えられません。

ひらおか・たかし
一九二七年生まれ。中国新聞記者として在韓被爆者の問題を掘り起こした。中国放送社長を経て九一～九九年に広島市長。九五年にはオランダ・ハーグの国際司法裁判所で核兵器の違法性について陳述した。

第5章
被爆者の思い

広島の顔が「大歓迎」

広島には、いくつもの「顔」がある。多くの兵士を送り出した戦前の軍都「廣島」。原爆投下後の廃墟から立ち上がり、平和と核兵器廃絶を世界に訴えてきた戦後の「ヒロシマ」。海外から観光客が多く訪れる国際平和文化都市「ＨＩＲＯＳＨＩＭＡ」――。

原爆投下から七〇年あまりの歳月をへて、その地に現職の米政府トップが初めてやって来る。オバマ大統領は何を見るのか、被爆者の声を聴くのか、謝罪の言葉を語るのか、核廃絶へ何を誓うのか……。被爆地の人々はさまざまな思いを胸に、その歴史的瞬間を見守った。

二九万七六九三人。オバマ大統領が花を捧げた原爆死没者慰霊碑には、二〇一五年夏までに亡くなったそれだけの数の被爆者の名簿が納められている。

一七万四〇八〇人。二〇一六年三月現在、被爆者健康手帳をもつ広島、長崎の被爆者の数だ。平均年齢は八〇歳を超えている。

そんな中から、オバマ大統領を迎える式典には、日米両政府から七人の被爆者が招かれた。その一人が、日本被団協の代表委員、坪井直さん（九一）だった。

被爆者を代表する「広島の顔」となった坪井さん。いつも胸をでんと張り、抑揚のある広島弁の大きな声で雄弁をふるう。国内外を飛び回って原爆の恐ろしさを伝え、核廃絶は「ネバーギブアップ（あきらめない）」と身ぶり手ぶりを交えて訴えてきた。

演説を終え、握手を求めて近づいてきたオバマ大統領を前にしても、普段と変わらない姿があった。

「広島に来てくれてありがとう。大歓迎です」。杖を手に背筋をピンと伸ばし、長身の大統領を笑顔で見上げてあいさつした。

「恨んでいないし、謝罪も要求しません」。プラハ演説の通り、核軍縮ではなく核廃絶に向けて共にがんばろうと伝えると、大統領の握手が一層強くなったという。「温かい手だった。理屈ではなく、情に心が動かされて刺激になった」

アメリカ憎しの時代

「アメリカ憎しで腹の底から煮えたぎっていた」。戦前の教育を受けた坪井さんは、軍国少年だった自らをそう振り返る。

一九四五年八月六日。広島工業専門学校（現・広島大工学部）三年のとき、二〇歳だった坪井さんは、爆心地から一・二キロの路上で被爆した。ピカッと銀白色の光が走った瞬間、顔を手で覆ったが、爆風に一〇メートルほど吹き飛ばされた。

「アメリカの野郎、よくもやったな。いまに見とれ」。直後はそう思ったが、自分の体を見て、気力が一気になえた。

腕から流れ落ちる血が指の先から滴り落ち、腰からどす黒い血の塊が噴き出していた。歩き始めると、右の目玉をぶらさげたまま歩く女学生、飛び出した腸を押さえながら逃げる女性に出くわした。

「助けてください、助けてくださーい」。全壊した家から救出を求める声も聞こえてきた。しかし、火の海に飛び込むことはできなかった。「なぜ、助けられなかったのか」。その時の光景は何度も夢に見た。

あてもなくさまようなか、群衆が「御幸橋《みゆきばし》に治療所ができた」と話すのを聞いた。はうようにしながら、爆心地の南東二・三キロにある御幸橋に着いた。だが、治療らしい治療はしていなかった。「もうだめだ。死ぬ」。そう覚悟し、小石で地面に書いた。

《坪井はここに死す》

「遺言」のつもりだった。だがまもなく、トラックで通りかかった軍人に救われた。「そこの若いもん、早く乗りなさい」。礼を言うため名前を聞いたが、「名前なんてどうでもいい。早く元気になって、敵を一人でも二人でも殺せ」と言って、着ていたシャツをくれた。「見

廃墟と化した広島市の中心部。上方に見える基台は日清戦役忠霊碑。その中間の焼け跡は陸軍官舎跡〔1945年9月〕朝日新聞社撮影

捨てられていたら、今の自分はなかった」。周囲の助けで「生かされている」と思う気持ちが芽生えた。

原爆投下の約三時間後。中国新聞社の松重美人《まつしげよしと》カメラマンが、御幸橋で座り込む坪井さんの後ろ姿を撮っていた。その写真は御幸橋や広島平和記念資料館に展示されている。助けてくれた人々への恩返しのため、命の大切さを訴え続けたい――。あの日の記憶がのちに、被爆者運動の出発点になる。

その後、坪井さんは広島港の南約三キロに浮かぶ似島《にのしま》（現・広島市南区）の野戦病院で治療を受け、広島県音戸町《おんどちょう》（現・呉市）の実家へ。意識は約一カ月戻らず、気づいたら戦争は終わっていた。

しばらく療養生活を送った後、教職に就いた。地元の音戸中などで数学を教えた。自ら「ピカドン先生」と名乗った。「ゲンバクと言っても、子どもには難しい。「ピカ、ドン」と言えば、すぐ分かる。町を歩いていても、よくピカドン先生と言われたもんです」

毎年八月六日が近づくと「きょうは授業なし。私の話を聞いてくれ」と言って、「平和について考える」という特別授業に変更した。被爆体験を語り、「大人になっても、原爆の恐ろしさだけは覚えておいてほしい」と訴えた。校長になったら保護者にも説いた。それでもまだ、「アメリカの「ア」って言ったら、「こんちくしょー」って思っていた時代」だった。

一九八六年に退職し、被爆者運動を本格的に始めた。二〇〇〇年、日本被団協の代表委員を引き受けた。核保有国の米国やフランスなど、これまでに海外を二〇回以上訪れ、被爆体験を証言。米同時多発テロの被害者遺族とも交流してきた。

最初のうちは原爆投下を正当化する意見を言われるたび、むきになって反論した。だが、じっとこらえて聞き役に回って話し合えば、お互いの立場を理解しあえるとわかってきた。「アメリカといえども、悪い人間ばかりではない。そんな当然のことがわかってきて、今では手をつなぐことができるようになった」。もちろん、憎しみが消えたわけではない。「責めても仕方ない。それよりも人類のために手を取り合い、核廃絶に取り組むほうがいい」。そう言い聞かせてきた。

二〇一六年四月の主要七カ国（G7）外相会合。被爆地・広島から、核兵器のない世界をめざす「広島宣言」が採択された。米英仏の核保有国を含むG7の現職外相が初めて、平和記念資料館に行き、原爆死没者慰霊碑に献花した。

「原爆を投下した米国の要人に、謝罪を求めるつもりはあるか」。会合後、報道陣に問われ、坪井さんは答えた。「向こうが（謝罪の言葉を）言ってくれれば、「ようやってくれた」と大拍手。でもこちらから要求するもんじゃあない」

未来志向の一歩

今回、オバマ大統領の演説に直接的な謝罪の言葉はなかった。大統領が去り、原爆死没者慰霊碑周辺の立ち入り規制が解けて歩み寄った記者たちに、坪井さんは言った。「未来志向でね、後ろを向いちゃいかんよ」。その直後の記者会見では「まず一歩として評価したい」と語った。

一方で、物足りなさも残った。被爆資料の見学はごく一部。被爆者との対面時間は短かった。いつもの決まり文句「ネバーギブアップ」も伝えられなかった。「オバマさんも、あんなに短かったらピンと来んかったじゃろうよ。任期が終わっても、遊んじゃいけませんよ。これからが大事なんですよって言いました」

でも、その日の夜。「あんなこと言って良かったんだろうかと思って、寝らりゃせんかった」。坪井さんは多くの被爆者を代表する立場だ。「右へ行ったり左へ行ったり、私が揺らいだらみなが惑う。言って良いこと悪いこと、そんなもんも考えるんで……」と複雑な胸中を明かした。

そして、大統領のことも気づかった。「オバマさんは、もっと難しい立場にある人。言いづらいことばっかりだったと思う」

これまで入退院を一〇回以上繰り返し、三度も危篤状態に陥った。大腸がんに前立腺がん、心臓の病気も患う。二週間に一度の点滴が欠かせない。「このところ、地球が速く回りすぎる。ケリーさんの次はすぐオバマさん。体がえらい」。それでも、杖をつきながら表舞台に立ち続けた。

被爆者の坪井直さん（右）と握手するオバマ米大統領〔2016年5月27日午後6時7分，広島市中区の平和記念公園〕朝日新聞社撮影

六月初め、坪井さんが理事長を務める広島県原爆被害者団体協議会の事務所を記者（岡本玄）は訪ねた。取材依頼が次々と舞い込み、国内はもちろん、米国、ロシア、フランス、中国、スイス、トルコなど多くの海外メディアからもあったという。

坪井さんが座る席の背後には、幸せを運ぶという広島県三原市の「三原神明《しんめい》だるま」がにらみをきかせている。「祈　平和」の鉢巻き。赤い胴体に平和の象徴ハトが飛ぶ。腹には世界地図が描かれ、両脇には墨書で「核兵器廃絶」「恒久平和」と書かれている。

「オバマさんには、また広島に来てほしい。こんど来たときはぜひ、人間オバマとしての苦労話を聞きたい。大統領をやめたら来やすいだろうからね。三回目に会ったら、「まだ生きておりました」ってあいさつしますよ」

右手の人さし指ですっと鼻の頭をなで、笑顔を見せた。だるまの願いが実現する日まで、「まだまだ生きんといけんのう」。

そこに暮らしがあった

オバマ大統領が訪れた平和記念公園は、広島を流れる七つの川がつくったデルタ（三角州）の一つにある。広島市内中心部にあって、阪神甲子園球場三つ分、約一二万二一〇〇平方メートルの面積を持つ広大な公園。原爆投下前、この中州とその周辺は商店や住宅が密集し、人々がせわしなく行き交う広島屈指の繁華街だった。

「消えた家族」

相生橋の岸で
被爆瓦を拾った
さざなみの声がきこえる

お兄ちゃん
エビいるよ
そっちへいった
逃げるエビ
追う少年
キミちゃん
捕まえたよ

やっとだったね
もって帰って
金魚鉢で飼おうよ
水草も少しね

焼けただれた被爆瓦が
君のてのひらで
泣いている

広島で被爆後、医師として被爆者医療に携わった詩人、御《み》庄《しょう》博実《ひろみ》さんが二〇一四年夏にしたためた詩だ。原爆資料館の企画展「消えた家族」で、鈴木六郎さん（被爆当時四三）が趣味のカメラで六人家族の絆を撮った写真を見て創作した。御庄さんは翌一五年一月、八九歳で亡くなった。

鈴木さんは、平和記念公園の東に位置する本通《ほんどおり》で理髪店を営んでいた。一九四五年八月六日。仲良しの長男・英昭君（一二）と長女・公子ちゃん（九）は、通っていた袋町国民学校

（現・広島市立袋町小学校）で被爆した。爆心地の南東約四六〇メートル。英昭君は公子ちゃんをおんぶして、治療所があった南約二キロの御幸橋まで逃げ延びたが、公子ちゃんは衰弱してもう動けなかった。「あとで迎えに来るからね」。そう言って治療所を後にした英昭君は親戚の家で高熱を出し、数日後に亡くなった。公子ちゃんの行方は今も分からない。

当時三歳の次男・護君と一歳の次女・昭子ちゃんは焼け跡から白骨で見つかった。六郎さんも、救護所の名簿に「重傷後死亡」と記録されていた。

「一家全滅」を嘆き、妻フジエさん（当時三三）は自ら井戸に身を投げた。たった一発の原爆が、六郎さん一家を消し去った。

平和記念公園になった土地に生家があった広島県廿日市市の浜井徳三《とくそう》さん（八一）。七一年前、その地で理髪店を営んでいた父の二郎さん（四六）、母イトヨさん（三五）、姉の弘子さん（一四）、兄の玉三《たまぞう》さん（一二）を原爆で失った。

浜井さんは当時一一歳。広島県宮内村（現・廿日市市）に疎開していて無事だった。原爆投下の二日後、たどり着いた生家は焼け落ちていた。疎開先に戻って「誰もおらんかった」と告げ、涙があふれた。投下の前日、父母と姉が疎開先を訪れたのが最後となった。

いまは公園一帯となっている中島地区の七つの町には当時、六五〇〇人が暮らしていた。

浜井さんは、広島県産業奨励館（現在の原爆ドーム）のらせん階段の手すりを滑って遊んだ。元安川でハゼを釣り、ボートに乗ったことも覚えている。

終戦四年後の一九四九年に制定された広島平和記念都市建設法により、一帯は一九五六年までに原爆死没者の慰霊と恒久平和を祈る公園に生まれ変わった。公園ができてからも、浜井さんは家族を捜して歩いた。今も「誰かに会えるかもしれない」と思うことがあるという。

被爆七〇年の節目の年となった二〇一五年、浜井さんは心に区切りをつけ、ようやく墓を建てた。「昭和二〇年八月六日亡」。墓石に一家四人の名を刻んだ。「これでやっと安心して眠ってもらえる」。墓前に線香をあげ、つぶやいた。

本籍地の「中島本町三三の一」は、住所そのものがなくなった今も変えていない。二人の息子や孫も同じ場所を本籍にしている。「僕のふるさと。原爆で何が起きたかを、オバマさんにも知ってほしい」。大統領訪問を控え、浜井さんはそう語った。

少年少女の「墓場」

オバマ大統領が、黒塗りの専用車で通り抜けた平和大通り。その道幅の長さから地元では「一〇〇メートル道路」と呼ばれ、広島復興のシンボルとされる。この通りのことを、東京都品川区に住む関千枝子さん（八四）は「少年少女たちの墓場です」と言う。

広島原爆戦災誌によると、原爆投下の日、五〇〇〇人を超す学徒が、現在の平和大通り沿いの三カ所で、空襲による延焼を防ぐために家屋を壊す「建物疎開」の作業にあたっていた。そのうち約三八〇〇人が被爆死した。国民学校や中学校、高等女学校の児童・生徒たちだ。

当時、関さんは広島県立広島第二高等女学校の二年生。平和大通りの近くで作業に従事した同級生三九人中三八人が二週間以内に亡くなった。関さんは病気で休み、爆心地から約三キロの自宅にいて死を免れた。七〇年以上が過ぎ、広島から遠く離れて暮らす今も、同級生が自分の名を呼ぶ夢を見る。「生き残った負い目、何もしてあげられなかった心の痛みがある」

同級生の遺族を訪ねて本にまとめ、語り部として、原爆は「人類史上最悪の凶器」と訴えてきた関さん。「何も分からず亡くなった人がたくさんいます。オバマさんには、遠い未来の「核なき世界」ではなく、ただちに核廃絶への具体的な道のりを示してほしい」と話した。

物言わぬ証人たち

平和記念公園に到着したオバマ大統領が、最初に立ち寄った平和記念資料館。被爆者の遺品など二万点を収め、原爆の悲劇を世界中の人々に伝えてきた。多くの被爆者たちが「大統領にぜひ見てもらいたい」と望んだ場所でもある。

大統領の広島訪問を控え、志賀賢治・資料館長（六三）は、以前にも増して「オバマ大統領に見学してもらいたい」との思いを強めていた。四月の主要七カ国（G7）外相会合の後、資料館を見学したケリー米国務長官の感想を聞き、手応えを感じたからだ。

「最も衝撃的で心を動かされた」。ケリー氏が会見でそう述べたのは、被爆前後の広島市の姿をコンピューターグラフィックス（CG）で白い街並みの模型に映し出す円形展示だった。路面電車が走り、ボートが川を行き交うところへ原爆が投下され、爆発とともに炎が上がる。きのこ雲が立ち昇ると、あたりは廃墟に。市民の命と暮らしが一瞬にして奪われた経緯を追体験する内容だ。

実はこの展示、まだ非公開。リニューアル中の東館の中心となる展示だ。志賀館長はケリー氏を案内しながら特別に見てもらった。「活気に満ちた被爆前の広島が一瞬で廃墟に変わる。それをきちんと受け止めてもらえ、うれしかった」

ケリー氏は幼い子どもの遺品などを熱心に見るうち、次第に口数が少なくなったという。そして会見で「この資料館をすべての人が訪れるべきだ」と語った。志賀館長は「黒焦げの弁当箱やボロボロの学生服を見れば、人間がどうなったのか想像できるはず」。

オバマ大統領にも、ケリー氏と同じルートをじっくり見学してほしい。そう願った。「資料館の役割は、きのこ雲の下にいた一人ひとりの悲劇に向き合ってもらうこと」

収蔵資料の中で、多くの来館者が足を止めるのが、志賀館長も例に挙げた、中身が真っ黒に焦げた弁当箱。県立広島第二中学校（現・広島観音高校）の一年だった折免滋さん（当時一三）の遺品だ。

折免さんも「建物疎開」の作業中に被爆死した。母が原爆投下の三日後に遺体を見つけた時、この弁当箱を抱えるように倒れていた。畑を耕し、初めて収穫した大豆や麦のまぜ飯とジャガイモの油炒め。喜んで持って行ったが、口にすることなく亡くなった。

その同級生の遺品も資料館には並ぶ。谷口勲《いさお》さん（当時一三）の学生服はそのひとつ。両肩や袖の一部が焼けてなくなり、白い裏地がのぞく。かばんをたすき掛けに下げたとみられる跡があり、中学校を示す「中」のボタンが残る。

「あの時は服に血や皮膚が付き、気絶しそうだった」。兄の劼《かたし》さん（八七）は原爆投下の日の夜、勲さんを見つけた時の衝撃が忘れられない。

父とともに捜し回り、防空壕へ。やけどで顔は変わり果てていた。「勲じゃない」。お下がりの学生服や革のベルトで弟と分かり、背負って連れ帰った。翌日、息を引き取った。

劼さんは言う。「こんな悲劇はもう二度と繰り返さないでほしい。遺品の持ち主、遺族の思いはみな同じ」。オバマ大統領に資料館を見てもらい、心を寄せてほしいと願った。

そのオバマ大統領は被爆地の期待に応え、資料館を見学した。滞在時間は約一〇分と短かく、一カ所に集めた数点の資料を見るという形になった。

志賀館長は少し離れた場所で様子を見守った。訪問後、当日の取材にこう話した。「我々の役目は八月六日に何が起きたのかを伝えること。それを皆さんが知ることを通じて、核廃絶につなげていく。オバマ大統領にも、きょう見たことをアメリカで語っていただき、それを聴いた方々が来館してくれたらいい」

大統領に書き続けた手紙

《ぜひ広島を訪問し、平和記念資料館を見学してください。私の被爆証言を聞いて下さい。過去をとがめるよりむしろ、全人類の和解という新時代の始まりになると確信しています》

広島平和記念資料館長を一九七九年から八三年まで務め、二〇一一年に八〇歳で亡くなった被爆者の高橋昭博さん。〇九年一月、米大統領になると決まったオバマ氏に、そんな手紙を早くも送っていた。

高橋さんは一四歳の時、爆心地から一・四キロのところで被爆した。背中など体の三分の一以上にやけどを負い、被爆による慢性肝炎などの病気と闘いながら「語り部」活動を続けた。手紙では、そんな自らの体験をつづり、「あなたの訪問は、核廃絶を実現する偉大なる一歩になると信じます」と訴えた。

「核兵器を使った唯一の国として行動する道義的責任がある」。二〇〇九年四月、オバマ氏がプラハで「核兵器なき世界」を訴える演説をした直後、二通目を書いた。《核兵器なき世界を訴える演説をした大統領はこれまでになく、誠実な姿勢に深く感動しました。被爆者が願っているのは核軍縮ではなく、核廃絶です》

その三カ月後、イタリアであった主要国首脳会議（G8サミット）の後に三通目。《米国が憎いと思いながら生きてきましたが、今では憎しみを乗り越えることができました。憎しみを乗り越えてこそ、「平和」が待っているのだと思うようになりました》

最後になった二〇一〇年五月の四通目。毎年八月六日に広島で開かれる平和記念式典への出席を求めた。《慰霊碑の前で死没者の冥福を祈り、核兵器廃絶を誓っていただきたい。あなたや米国の過去の行為を非難するためではなく、日米両国が憎しみを乗り越え、和解するため》

それから約一年後、高橋さんは心筋梗塞で倒れた。オバマ大統領から返信はなく、被爆地訪問も見届けられないまま、二〇一一年一一月に亡くなった。

その大統領の訪問決定後、妻の史絵さん（七九）は「夫の悲願だった核廃絶への一歩」と喜び、「心のこもった言葉がほしい」と願った。夫が書き残した手紙の下書きを懐かしそうに見返しながら、「共鳴する部分が多かったんでしょうね。オバマ大統領ならやってくれる、と夫は期待していました」と振り返った。

夫妻は一九六一年に結婚。被爆者団体の運営に携わり、資料館長となった夫を史絵さんは支え続けた。

「資料館を訪れ、核の被害を自分の目で確かめれば、必ず核廃絶の実現に向けて努力してもらえる」。要人を資料館に案内した際の反応を高橋さんから聞き、史絵さんはそう感じてきた。顔をしかめ、首を横に振って遺品と向き合った後、「ヒロシマを考えることは、核戦争を拒否することとです」と所感を出したローマ法王ヨハネ・パウロ二世のように。

手紙への返信も届いた。その一人がケリー米国務長官。ベトナム戦争の従軍後に反戦運動を率いたと知った高橋さんは一九八五年一月、米上院議員に当選したばかりのケリー氏に被爆体験を伝え、広島訪問を求める手紙を送った。二カ月後、署名入りの返信があった。

《とても感動的で、誰もが永久に忘れるべきではないメッセージが込められた手紙でした。もう二度と誰も、核爆弾の悲劇に遭うべきではありません》

史絵さんも二〇一四年一二月、ケリー氏に手紙を出した。《亡き夫の意思を私が継ぎ、行動します。オバマ大統領とともに、広島を訪れてください》

そのケリー氏は大統領訪問の前月、米国務長官として初めて平和記念公園を訪れ、慰霊碑に献花した。そのとき、長官の首には史絵さんが広島市から頼まれて作った折り鶴がかけられた。その様子を広島市西区の自宅のテレビで見守った史絵さん。「三〇年かかりましたが、よく来てくださいました。夫が健在だったらどんなに喜んだことでしょう。一歩ずつ、前へ進んでほしい」

大統領の広島訪問を心の中にいる夫と見届けたい。そう考えながら、史絵さんは大統領に贈る折り鶴の準備を進めた。星条旗を模し、赤、青、白の三色の色紙で千羽鶴を作った。

訪問の日、史絵さんはテレビ中継を見ながら目を潤ませた。「オバマ大統領の訪問は夫が残した最後の宿題だった。この場にいないことが本当に悔しい」。折り鶴は広島市から米政府側へ託された。「鶴がアメリカへ渡れば、きっと思いは届く。ホワイトハウスに置いて、核廃絶への気持ちを忘れないでもらいたい」

七万人の叫び聞いて

平和記念公園の北寄り、本川沿いの木陰にひっそりと立つ原爆供養塔。緑に覆われ、こんもりした盛り土の形から「土まんじゅう」とも呼ばれる。その納骨堂の中には今も身元が分からず、引き取り手のない七万人の遺骨が眠る。

この供養塔を四〇年以上守り続けた被爆者がいる。佐伯敏子さん、九六歳。視力を失い、寝たきりの生活が続く。オバマ大統領来訪の日の朝も、広島市内の介護施設のベッドに横たわったままだった。

オバマ大統領がきょう広島を訪問――。

五月二七日午前九時前、枕元のラジオからニュースが流れると、イヤホンに手を当て、あの日の光景を思い浮かべた。

「大事な大事な命なのにみんな殺されたんですよ。死んだのではありません。原爆で殺されたんです」

一九四五年八月六日。当時二〇代の佐伯さんは、今の広島市安《あ》佐南《さみなみ》区にあった親戚の家を訪ねていた。そこに長男が疎開していた。

午前八時一五分。爆撃機に気づいた瞬間、空が光った。巨大なきのこ雲が街の中心部に見えた。その下に母と妹がいるはずだった。

真っ赤にやけどをした人たちが道を埋め尽くす。「連れて逃げて」。若い女性に足首をつかまれたが振り払い、母のもとへ急ぐ。街は炎に包まれていた。

「広島は毎日があの日なんです。あの日の叫び声があるんです」

約一カ月後、義兄が手にする風呂敷の包みをほどいて言った。「母さんを連れてきた」。頭蓋骨だった。

妹、夫の父と母……。家族や親戚一三人を失った。被爆後、佐伯さんは歯が抜け落ち、体重は三〇キロを切ったこともある。がんも次々と患った。

原爆投下の年のうちに亡くなった市民は約一四万人。遺族の元へ帰れずにいる幾万の遺骨。終戦から一〇年たって、今の供養塔ができた。

「母の見つからぬ体、義父母、振り払って置き去りにしたあの人たち。ここで家族が迎えに来るのを待っているかもしれない」

生い茂った草をむしり、掃除を始めた。修学旅行生を見つけては、「家族を待つ方々がここには眠っておられる」と体験を語った。

被爆二五年が過ぎたころ、供養塔の中に義父母の遺骨があると分かった。ほかの遺骨の引き取り手を捜し、奔走する活動を始めた。だが一九九八年、脳梗塞で倒れた。もう供養塔にも行けない。

「死者に言葉があるならば、なんと言われるか。私は知りたい」

市民を無差別に殺傷した原爆。投下を承認した米大統領。その惨状に目を背けず、広島へ来てわびてほしい。ずっと、そう思ってきた。

「やっぱり謝ってほしい。供養塔に入って死者の叫び声を聞き、心に受け止めて。そして、アメリカのみんなに伝えて」

しかし、オバマ大統領は謝罪の言葉は述べなかった。供養塔に立ち寄ることもなく、公園を去った。

被爆米兵を追って

オバマ大統領と抱き合う写真が世界を駆けめぐり、一躍「時の人」となった森重昭さん(七九)。中央大学を卒業後、証券会社や楽器メーカーで働きながら、休日などを使って約四〇年間、広島で被爆死した米兵捕虜たちの調査を続けてきた。

きっかけは、被爆者たちが被爆直後の惨状を描いた「原爆の絵」だった。平和記念資料館に展示されていた絵には、爆心地に近い相生橋《あいおいばし》の欄干に米兵がつながれている姿を描いたものがあった。当時、住民らが石を投げたり暴行したりして死亡させた、といううわさはあった。だが、その真相は分からなかった。

米政府は、亡くなった米兵捕虜の名前などの詳細を明らかにしなかった。そこで森さんは目撃者を探し、日米の公文書を調べた。元軍人の手記、新聞などの資料も集め、原爆で亡くなった米兵捕虜の特定を進めた。その結果、一二人の米兵捕虜が原爆で命を落としたとの見解に行き着いた。その概要はこうだ。

太平洋戦争末期の一九四五年七月二八日。広島の呉沖に停泊中だった日本の軍艦を攻撃した米軍爆撃機B24「ロンサム・レディー号」が、対空砲火を浴びて撃墜された。パラシュートで助かったり、その後に撃ち落とされたりした別の爆撃機の乗員を含め、米兵十数人が日本軍の捕虜となった。

九日後の八月六日。このうち一二人は、収容された広島市の中国憲兵隊司令部（爆心地の東約四〇〇メートル）などで自国が投下した原爆に巻き込まれ、命を落とした。そんな中で、ロンサム・レディー号機長のトーマス・カートライトさん（二〇一五年一月に九〇歳で死去）は、尋問で東京へ連行されていたため被爆を免れ、助かった。

「愛する家族が無念の死を遂げた事実を、ご遺族に知らせてあげたい」。そう考えた森さんは、元捕虜の名前を頼りに国際電話で米国の遺族を捜した。電話代が月数万円になることもあったという。少しずつ遺族が見つかり、交流が始まった。一九九八年には司令部跡に米兵捕虜を慰霊する銘板も自費で設けた。

その翌年、広島を訪れたカートライトさんとその家族を案内した。カートライトさんは、当時の朝日新聞の取材にこう語った。「私は原爆で親しい者を失った数少ない米国人の一人。広島の人たちの痛みは私の痛みでもある。戦争は破壊と憎しみを、平和は繁栄と幸福をもたらすことを私たちは学んだ。この事実を次世代に伝えたい」

原爆被害に人種も国籍もない

森さんは二〇〇四年、カートライトさんの回想録を翻訳出版。二人の手紙のやり取りは一〇〇通を超えた。

「なぜ、敵国のために調べるのか」。森さんはそう批判され、悔しい思いをしたこともあった。それでも「原爆投下は人類の悲劇。命を落とした人の前に、人種も国籍もない」と信念を貫いてきた。

二〇一三年夏。安倍晋三首相は広島の平和記念式典と長崎の平和祈念式典で、こうあいさつした。「私たち日本人は、唯一の戦争被爆国民であります」。米兵捕虜や韓国・朝鮮人被爆者たちの存在に触れず、日本人だけが被爆したかのような発言に、撤回を求める動きが広がった。

二年後の二〇一五年八月六日。松井一實・広島市長の平和宣言には初めて、被爆死した人の中に「米軍の捕虜なども含まれていました」という文言が盛り込まれた。リニューアルが進む広島平和記念資料館に、「外国人被爆者」のコーナーが設けられることも決まった。

風向きが変わり始めていた。

二〇一六年五月二五日夕。広島市西区にある森さんの自宅の電話が鳴った。在日米国大使館からだった。オバマ大統領が出席する二七日の式典に参加できるかどうか尋ねられた。「天地がひっくり返るほど驚きました。でもすぐ言いました。喜んで出席させてください、と」。さっそく米兵捕虜の遺族らにメールで伝えた。「死んだ米兵一二人のスピリッツがついている。心配するな」。そんな返信に励まされた。

そして当日。ともにオバマ大統領と対面しようと、亡くなったカートライトさんの遺影をバッグにしのばせた。「ここで殺された米国人たちの家族を捜し出した男性がいました。なぜなら、彼は彼らの喪失は自分たちの喪失と等しいと信じていたからです」。オバマ大統領は演説で、森さんの功績をたたえた。その後、森さんは目の前の大統領に伝えた。「一二人の死んだ米兵が、天国からこの光景を見て喜ぶに違いない」
大統領は、笑顔で森さんの言葉にうなずいていたが、だんだんと悲しげな表情に変わっていった。森さんが言葉に詰まると、そっと肩を抱き寄せ、左手で背中をやさしくたたき、何度も上下にさすった。森さんの目に涙がにじんだ。「何の見返りもなく人生をかけて調べてきました。つらい体験もしました。でも、大統領が利息をつけて返してくれた気分ですよ」

森さん自身も被爆者だ。あの日の朝、己斐《こい》国民学校（現・己斐小学校）の授業で神社に向かう途中、爆心地から約二・五キロの橋の上を友人と歩いていて被爆した。「ピカ」はあったが、「ドン」という音を聞いた覚えはない。爆風に吹き飛ばされ、川の中に落ちた。きのこ雲の下は、一〇センチ先も見えないほど真っ暗だった。全身血まみれで体から内臓が飛び出た女性に会った。「助けてくれ」「殺してくれ」。断末魔の叫び声は今も耳にこびりつく。

米国は一九四五年春、原爆を投下する目標都市の検討を始めた。八月二日には広島、小倉、新潟、長崎のうち広島を第一目標とする命令を出した。四都市の中で唯一、広島には捕虜収容所がないと思われていたのも一因だったとされる。だが、実際は広島にも米兵の捕虜がいた。結果、味方をも巻き込む無差別殺戮となった。

オバマ大統領の広島訪問から約二週間後、記者は森さんを訪ねた。「米国は、まさか広島に米兵捕虜がいるとは知らずに原爆を投下したと思う。これが戦争の現実なんです」。

そして「涙のハグ」を振り返った。「オバマ大統領は、米兵捕虜たちの無念の死を演説で世界中に発信してくれた。真意の一端を知ってもらえたことが、とてもうれしかった」。上着の襟に、日米の国旗を並べたバッジが輝いていた。

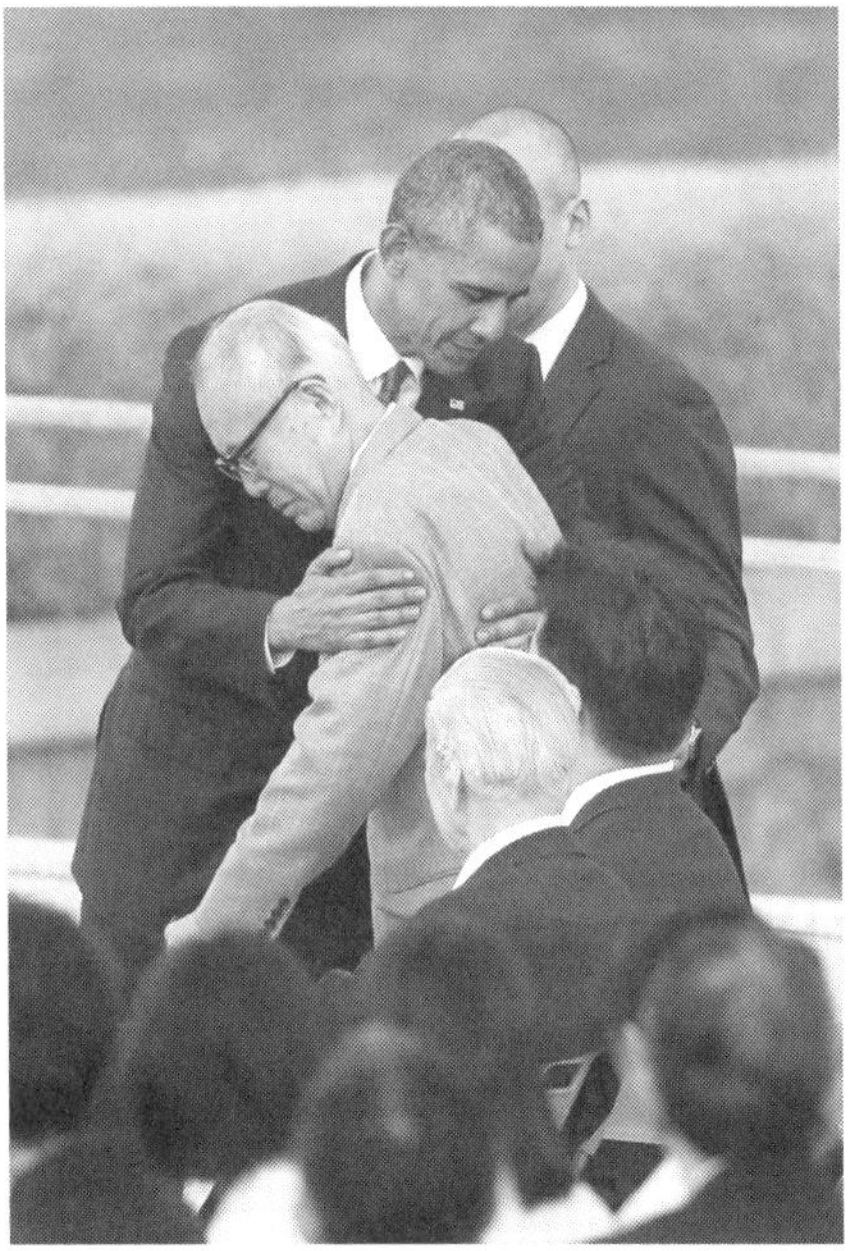
被爆者の森重昭さんを抱き寄せるオバマ大統領〔2016年05月27日午後6時8分，広島市中区〕朝日新聞社撮影

憎むべきは戦争

「原爆を投下した爆撃機のパイロットを許した女性がいます。なぜなら、彼女は本当に憎いのは戦争そのものだと分かったからです」。オバマ大統領は広島演説の中でそんな「ヒバクシャ」にも言及した。兵庫県三木市に住む近藤紘子《こうこ》さん（七一）。

演説を聞いた日の夜、大統領の言及について記者（宮崎園子）が尋ねると、「周りの人が言うの。『あれ、紘子さんのことじゃないか』って。そうなのかしら」。うわずった声で答えた。

広島で被爆したのは生後八カ月のとき。母の腕に抱かれたまま、崩れた自宅の下敷きになった。町内で助かった赤ん坊は自分だけだったと、のちに知った。

牧師だった父の故・谷本清さん（一九〇九～八六）は、ケロイドに悩む少女たちの渡米治療に尽くした。顔に大きな傷を残し、「原爆乙女」と呼ばれた「お姉さんたち」の存在が、被爆の記憶のない近藤さんに原爆のむごさを教えた。「原爆を落とした人が憎い」。そんな気持ちが芽生えた。

「敵討ちの相手」に出会った時は小学生。渡米した父とともに、エノラ・ゲイの副操縦士と対面した。怒りを込めてにらみつけたが、彼は目に涙を浮かべ、「おお神よ、我々はなんということをしたのか」と懺悔した。その様子を見て、近藤さんは混乱した。「この人を殴れば、広島の人たちは救われるのだろうか」。彼に近づき、手を握った。「あの時の手のぬくもりは、六〇年たった今も感じることができるのよ」

中学生の時、広島市の比治山《ひじやま》にある米国の研究機関「原爆傷害調査委員会」（ＡＢＣＣ、現・放射線影響研究所）へ定期検査に行き、スポットライトの中で下着一枚で立たされた。被爆の影響を調べるとはいえ、年頃の女の子。悔し涙がこぼれた。「広島を離れよう」と決め、東京の高校、米国の大学に進んだ。忌まわしい記憶ばかりの「ヒロシマ」から離れたい一心だった。

被爆直後の広島を取材したジョン・ハーシーのルポ「ヒロシマ」（一九四六）を読む人の姿を、ニューヨークの地下鉄でしばしば目にした。招かれた講演会で「なぜ被爆者を呼ぶのか」とクレームをつけた退役軍人は、のちに「話を聞けてよかった」と伝えてくれた。別の講演では、「私は真珠湾にいた」という紳士から力強く握手された。

米国での経験を経て克服できたものがある。時間がたったからこそ癒えた部分もある。だから七十年余がたち、ようやく現職の米大統領が広島を訪問できるというのも、わかる気がする。故エドワード・ケネディ上院議員の広島訪問、めいのキャロライン・ケネディ氏の駐日大使への任命、ケリー国務長官の慰霊碑献花……。「少しずつ地ならしをしてきたのね」オバマ大統領は、きっと広島で何かを感じて帰ってくれたと思う。「広島にとって大事な一日になりました。彼の心の底からのメッセージが聞けてうれしい」。そして言った。「憎むべきは戦争。ただ、それだけです」

長崎の被爆者も注視

広島での式典に招かれながら、体調がすぐれず出席を断念した長崎の被爆者もいる。谷口稜曄《すみてる》さん（八七）。当日、長崎市内の病院のベッドで、オバマ大統領を映すテレビを見つめた。「被爆した自分の写真を胸に掲げて、原爆のむごさを知らせたかった」「オバマ大統領の言葉には核兵器廃絶への力強さは感じられなかった」と報道陣にコメントした。

一六歳の時、自転車で郵便配達中に被爆した。背中全面を焼かれた「赤い背中」の写真で知られる。谷口さんは戦後、「自分は生かされた」との思いで核廃絶を訴え続けてきた。

入退院を繰り返す生活。一カ月前の四月三〇日、支え続けた妻の栄子さん（八六）に先立たれた。ともに活動してきた仲間も亡くなっていく中、原爆で何があったかを伝えられるのは自分しかいない、と自らを奮い立たせてきた。二〇一五年も体調不良を押し、核不拡散条約（ＮＰＴ）再検討会議が開かれた米ニューヨークを訪れた。

谷口さんが公の場に復帰できたのは、オバマ氏の訪問から二週間以上たった六月一三日のこと。「はじめから期待していなかった。行ってもね」。冷めた口調で取材に答えた。

長年、語り部活動を続けてきた下平作江さん（八一）。ほかの被爆者数人と長崎市内に集まり、テレビの生中継を見た。オバマ大統領が演説で原爆の被害に触れるたび、ハンカチで目頭を押さえた。

「そんな生やさしいものじゃなかったのに……」

長崎の原爆で母、姉、兄を亡くした。戦後は妹と身を寄せ合うように暮らした。だが、その妹は戦後一〇年になる年、列車に身を投げて自殺した。下平さんの涙は、そんな体験が「美しい言葉」で覆われたことへの悔し涙だった。

オバマ大統領が平和記念公園を歩く姿を見て、その地中に今も眠るはずの人々に思いを寄せた。だから「武器も持たない弱者のお骨を踏みつけて歩いている」と感じ、つらかった。

それでも、演説は「全体としてはプラス」と評価した。核廃絶につながるはっきりした言葉はなかったが、「オバマさんの言葉なら海外の人にも届くはず」。核廃絶運動が世界に広がることを期待する。

演説が終わると小さく手をたたき、大統領が被爆者と言葉を交わす姿を目を細めて見つめた。

「原爆投下を謝罪してほしい」。長崎の被爆者、末永浩さん（八〇）はそんな思いをぐっとのみ込み、その日を迎えた。「被爆者の米国に対する気持ちは単純なものではない」。戦後七一年、米国のさまざまな側面を見てきた。

進駐軍が上陸した時、初めは怖くて山に逃げたが、お菓子をもらって喜んだ。だが、原爆のことを知るにつれ、「日本はもう降伏の間際だった。原爆は落とす必要はなかった。実験だったんだ」との思いを強くした。だからこそ、投下は誤りと認め、謝罪してほしいという思いが消えない。

一方で、米国人との交流も続けてきた。二〇〇一年に米国へ渡り、米軍の爆撃機B29のパイロットで捕虜になった男性と面会。末永さんが被爆者と知ると、男性は「アイム・ソーリー」と言った。その出会いが縁で、彼はその翌年、長崎に来て原爆資料館を訪れてくれた。「和解の気持ちを感じた。こういう人もいるんだ」と胸を打たれた。

オバマ大統領の演説は、彼なりに精いっぱい語ったように感じた。核廃絶がすぐに実現できるとは思えない。「けれど、少しずつでも動いてくれれば。一直線じゃなくて、ジグザグだと思うけど」

自宅のテレビで演説を見届けると、長崎市内のホテルへ急いだ。修学旅行生に被爆体験を語るためだ。「きょう、広島にオバマさんが来ました。核兵器はなくさないといけない。それは時間がかかると思う。君たちに頼む」。大分県から来た六年生の子どもたちに語りかけた。

オバマ大統領に励まされるような気持ちもあったという末永さん。「オバマさんも私たちも、未来に語り継いでいかないと」

九割が訪問を評価

オバマ大統領の広島訪問を評価するか。「核なき世界」を訴えた広島演説をどう受け止めたか――。朝日新聞は訪問の前後二回にわたり、全国各地に住む広島、長崎の被爆者にメールでアンケートをした。

朝日新聞は二〇一五年春、被爆七〇年に合わせて被爆者約二万二〇〇〇人にアンケートを送り、五七六二人から回答を得た。このうちメールの宛先が分かる一六四人に対し、訪問決定翌日の五月一一日と訪問二日後の二九日、それぞれメールで質問を送った。訪問前は八一人、訪問後は六六人から回答があった。

訪問前の調査。「オバマ大統領の広島訪問を評価するか」の問いには、九割にあたる七四人が「評価する」と答えた。広島で被爆した東京都の女性（七五）は「まずは来て、現実を見ることが必要」、長崎で被爆した東京都の男性（七九）は「遅きに失したとはいえ、英断をたたえる」と理由を書いた。

「どちらでもない」は五人。別の東京都の男性（八〇）は「日米両政権が同盟強化の証しとすることに違和感を持つ」と指摘した。「評価しない」という人はおらず、二人が無回答だった。

「原爆投下について、オバマ大統領に謝罪を求めるか」を問うと、六割の五二人が「求めない」と回答。埼玉県の男性（七二）は「謝罪は被爆者に感情的な満足を与えるかもしれないが、米国民の感情を逆なでし、新たな摩擦を引き起こす」と説明した。

一方、謝罪を「求める」のは一二人。広島被爆の男性（八四）は「明白な国際法違反の非人道兵器を使用した国の大統領として当然」とした。「どちらでもない」は一一人で、東京都の男性（八五）は「謝罪を求めたいが、現職大統領に求めても無理」と複雑な思いを明かした。無回答・その他は六人だった。

もう時間がない

「謝罪を求めるよりも、原爆の悲惨さを認識して核廃絶への機運を高めてもらうことの方が重要だ」。三歳の時に広島で被爆し、家族を失った「原爆孤児」の飯田国彦さん（七三）＝広島県東広島市＝は「謝罪は求めない」と答え、そう理由を書いた。

被爆六〇年目にあたる二〇〇五年に朝日新聞が実施したアンケートに対し、飯田さんは、米大統領は被爆者に「謝罪と賠償を」と異なる回答をしていた。爆心地から約一キロの家にいて、二五歳の母と四歳の姉を奪った原爆。被害の責任は日米両政府にあり、原爆を正当化する米国の世論に「憤りを感じる」とも書いた。会社員生活の終わりが近づき、被爆体験を語って一〇年近くたったころだった。

四年後の二〇〇九年、オバマ大統領がプラハ演説で「核なき世界」の実現を訴えた。翌一〇年の被爆六五年アンケートには、オバマ氏の取り組みに「大いに期待している」。核兵器廃絶は「将来は実現する」と信じた。

二〇一五年の被爆七〇年アンケート。「アメリカの大統領は広島・長崎を訪問すべきだと思うか」の問いに、「訪問すべきだが謝罪は必要ない」と答えた。

なぜ心境が変わったのか。取材に対し、飯田さんは「アメリカを恨み、謝罪してほしい気持ちはある。でも、もう時間がない」と、頭をさすりながら語った。脳腫瘍が大きくなり、健康への不安が強まっている。

被爆証言をすると、子どもたちが感想文をくれる。話せば思いが伝わり、人の気持ちは変わると実感する。「私にしか話せないことがある」。残る力を証言活動に注ごうと決心。二〇年以上暮らした富山県を妻らとともに離れ、この春、多くの修学旅行生が訪れる広島へ五〇年ぶりに戻った。

「知る機会を奪ってはならんのです。希望を消しちゃ。被爆者の思いがオバマさんに伝わり、謝罪や責任といった言葉を越えたところで世界は動く」。飯田さんはそう語った。

核廃絶が謝罪の証し

ほかの被爆者たちも期待や注文を寄せた。

北海道・田村富子さん（七一）「謝罪を強要しても何ら意味はない。原爆を投下した国として心から過ちを悔い、米国民の大半がわびるまで、形式だけのセレモニーは要らない」

宮城・木村緋紗子さん（七九）「原爆投下という非人道的な出来事を恨んでいないという

とうそになる。それでも来ることは評価する。どんなメッセージを出すかが問われている」

東京・吉田一人さん（八四）「「核兵器のない世界」へ、アメリカが先頭に立って奮闘すること。それが、唯一の核兵器使用国としての責任の取り方だ。それを謝罪の証しと受け取る」

神奈川・松本正さん（八五）「アメリカに謝罪を求めたい気持ちは消し難い。かと言ってそれが非現実的なことだとも知っている」

神奈川・西岡洋さん（八四）「影響力も波及効果も想像以上の効果がある。原爆死没者慰霊碑に花を供えるだけで終わらせてほしくない。ぜひ広島平和記念資料館を訪れてほしい」

山梨・中島辰和さん（八一）「今大事なことは、核兵器の削減であり廃絶。過去にとらわれず、核兵器のない未来を求めるべきだ」

兵庫・水野喬司さん（八〇）「核兵器が人類を破滅させる実情を広島平和記念資料館で見て欲しい。過去への謝罪よりも未来に向け核兵器の使用を全面的に廃止することが先決だ」

山口・稲生慧さん（七七）「目を覆うような原爆の惨状をつぶさに眺め、核兵器を使用した戦争は悲惨なものであることを認識し、米国民に大統領自ら語ってほしい」

広島大平和科学研究センターの川野徳幸教授は調査結果をどうみるか。「被爆者運動は「核廃絶の実現」を最終目標に掲げてきた。その過程には、日本が米国の核の傘の下にいる矛盾、米国に謝罪を求めることの政治的な意味といった難問が立ちはだかってきた」「米国への憎しみや恨みはある。責任の追及や謝罪を求める気持ちもある。でも、それをこらえて葛藤しながら「どうすれば核廃絶に近づくのか」を冷静に見極めようとする被爆者の姿が浮かぶ。単純な「未来志向」の次元を超えた、重く切実な選択がそこにある」

広島演説「七二点」

訪問後のアンケート。「訪問を評価するか」の問いに対し、訪問前と同じく約九割の五八人が「評価する」と答えた。演説の内容について、一〇〇点満点で何点かを問うと、平均七二点だった。「核なき世界」実現への一歩と受け止める一方、具体性に欠けるという指摘もあった。

広島で被爆した横浜市の亀井賢伍《けんご》さん（八五）は「（広島平和記念）資料館を見て演説し、被爆者と会った」ことを重視。長崎で被爆した東京都の高比良《たかひら》毅さん（七九）は「現役大統領として正式に慰霊したこと自体が言葉に出さない謝罪。折り鶴を捧げて遺憾《いかん》の心を表した」と受け止めた。

「どちらでもない」の回答は六人。長崎で被爆した川崎市の浅野雅彦さん（八二）は「やっと実現したが任期はあとわずか。何も変わらない」と理由を書いた。「評価しない」と無回答は各一人だった。

演説には、八人が一〇〇点満点をつけた。広島で被爆した東京都の金本一夫さん（八二）は、原爆投下を正当化する声が根強い米国の世論を踏まえ、「難しい立場にあって、哲学的な表現で核廃絶を世界に発信した」と理由を挙げた。

長崎で被爆した埼玉県の男性（七二）は八〇点。謝罪の言葉がなかったと指摘し、「満点はつけがたいが、未来志向で核廃絶への努力を誓った」とした。

一方、広島で被爆した大阪府の山川美英《よしひで》さん（七五）は「核兵器を何年かけてゼロにするか、実行計画がなければ言葉を信用できない」として五〇点。広島市西区の男性（七六）は「広島で何を見て何を感じたか、まったく言及がなかった」と、三〇点をつけた。

ほかの主な採点と回答はこんな具合だった。

北海道・川端ひろ子さん（七四）＝一〇〇点。「人間の本能や歴史的事実を直視しながら、慈しみの心で語っていると感じた。演説は、スーッと魂に届いた」

東京・大岩孝平さん（八四）＝八五点。「核なき世界への意欲は感じられたが、資料館を見て、肌で感じた思いに触れてほしかった。退任後も核兵器廃絶運動の先頭に立ってほしい」

東京・山本英典さん（八三）＝八〇点。「全体としては評価するが、演説冒頭の「死が空から降り」など、原爆の投下責任をあいまいにする部分があり、今後に課題を残した」

兵庫・貞清百合子さん（七七）＝八〇点。「謝罪の言葉はなかったけれど、それに近いぎりぎりの思いをあらわにした演説だった。もっと多くの被爆者の話を聞いてほしかった」

福岡・西山進さん（八八）＝七六点。「平和を確立するための哲学を語っていたと感じた。だが核なき世界を実現する具体的方向性が語られなかった」

長崎・宮田美千子さん（八一）＝七五点。「核廃絶への出発点に近づくと思う。だが、残り少ない大統領の任期で何ができるのかわからない」

広島・寺岡和子さん（七六）＝六〇点。「世界が、ヒロシマや核廃絶に注目したという点では将来に希望が持てるが、核廃絶への具体的な方法が語られなかった。これが出発点だろう」

兵庫・副島圀義さん（七〇）＝五〇点。「「私の生きている間に、この目標は実現できないかもしれません」などとひとごとのように言っているようではダメ」

和解ムードに憤り

日米両政府から訪問の式典に招かれ、出席した日本被団協事務局長の田中熙巳《てるみ》さん（八四）は、訪問後のアンケートにこんな回答を寄せた。「冷静になって、原爆被害者の代表として参列していた立場を失っていたことに深く反省しました」

式典直後、演説を間近で聞いた感想を記者会見でこう述べた。「本当にいい演説だったと思う。あんまりけちをつけられない中身を持っていた」。演説には「いつか、証言するヒバクシャの声が聞けなくなる日がくるでしょう。しかし、一九四五年八月六日の朝の記憶を薄れさせてはなりません」と盛り込まれた。「感動というと変ですけど、彼自身が言うのはやはり大したものだと思った。私たち、被爆者たちの気持ちを知っている人の言葉として聞こえてきました」

田中さんは旧満州（現・中国東北部）で生まれ、中学一年だった一九四五年八月九日、長崎市の爆心地から約三・二キロの自宅で被爆した。爆風で飛んできた格子戸やガラス戸の下敷きになり、気を失った。自身に大きなけがはなかったが、親戚五人が亡くなった。

軍人だった父を失い、母子家庭。頼りの親類も原爆で失い、戦後は貧困に苦しんだ。高校を卒業すると単身上京し、東京大学生協で働きながら受験勉強をした。東京理科大を卒業後、東北大工学部の研究助手として宮城県へ。宮城の被爆者団体「はぎの会」の事務局長を務め、広島平和記念資料館から被爆者の描いた絵を借りて「巡回原爆絵展」も開いてきた。

一九九六年に大学の定年を迎えると埼玉県へ移り、二〇〇〇年からは自身二度目となる日本被団協の事務局長に就任。被爆者運動の先頭に立ってきた。米国や欧州などの国際会議でも被爆証言をし、二〇一五年の核不拡散条約（NPT）再検討会議では、親族を自ら火葬した体験を語り、「被爆者はもうこれ以上待てない」と核廃絶を訴えた。

オバマ大統領の広島演説は理念として共感するものがあった。「人類の暴力に対する歴史をひもとき、核兵器の出現がその極致に至ったことを警告し、人間の性《さが》としての権力志向、差別思考を倫理的改革で克服しなければならないことを人類の一人ひとりによびかける内容は理想と希望に勇気を与えた」

だから直後の記者会見でも「すばらしかった」と賛辞を送った。しかし、その夜、同じく式典に出席した広島被爆の岩佐幹三代表委員と夕食をともにしながら演説を吟味し、満足できない点が浮かび上がった。

「原爆使用の道義的責任に言及したプラハ演説より後退している。核兵器も戦争もない世界の実現に向けての核超大国としての具体的提案もない点では空虚な理想論に聞こえる」

核兵器廃絶を「願う」人には九〇点でも、核なき世界を「求める」人にとっては具体性が乏しく〇点に近い。そう考えるようになったという。

今回、日本被団協は大統領の来訪にあたって、原爆投下への謝罪を公式には求めなかった。しかし、オバマ氏と被爆者が抱き合う姿に注目が集まり、田中さんは「あたかも和解が成立したかのように受け取られることに憤りさえ感じる」。「原爆を投下したアメリカの責任が免罪されたわけではない」と強調する。

「この苦い思いをこれからの生き方に生かしていきたい」。田中さんはメールアンケートの最後に、そうつづった。被爆者を代表するということは、数十万人の原爆犠牲者、今なお後遺障害に苦しむ被爆者の思いを背負うということだ。「米政府には、原爆投下は人道的に誤りだったと認めてもらう必要がある。核兵器禁止条約など、演説を具体化する要求もしていかなければならない」

「謝罪」めぐる葛藤

オバマ大統領の広島訪問から半月あまりたった六月一五、一六の両日、日本被団協の定期総会が東京都内のホテルで開かれた。日本被団協は八月に結成六〇年を迎える。総会には、全国四三都道府県の地方組織から約一〇〇人の被爆者らが参加。今後の運動方針などを話し合った。

最も議論が白熱したのは、オバマ大統領の広島訪問に先立ち、日本被団協が大統領にあてた要望書の中身についてだった。

日本被団協は冷戦時代の一九八四年、日米両政府とすべての核保有国に対する基本要求を発表。米政府には原爆投下への謝罪を求め、その証しとして、核兵器廃絶へ主導的な役割を果たすことを求めた。八八年に発表した「原爆被害者の訴え」も、この内容を踏襲した。

しかし、訪問前のオバマ氏に送った要望書に謝罪要求は盛り込まなかった。

「謝罪要求が要望書に載っていません。残念でなりません。日本被団協の言行不一致、ダブルスタンダードです」

新潟県原爆被害者の会の事務局長、西山謙介さん（六八）が口火を切った。父親が広島で被爆した被爆二世。二〇一五年春、現職を引き受けた。自身に被爆体験はない。だが、大統領の被爆地訪問に対する歓迎ムードに違和感があった。「被爆者が冷静さを失っている面があるのではないか」。そんな思いが発言の裏にあった。

大統領の訪問をどう総括するか。迷いが残る事務局長の田中さんが答えた。

「謝罪を求める基本要求の方針を変えたことは、まったくありません。厳然として今もそういう姿勢であります。ただ、頭を下げればいいというだけの話ではなく、謝罪の証しとして核兵器の廃絶に努力してほしいという気持ちがあります。その方向に確実に動いていくのであれば、あえて盛り込まなくても良いのではないかと」

西山さんは、うなずきつつ言った。「被爆者が無理やり胸の中に押し込んできた憎しみやつらさ、七一年間背負ってきた悲しみを拾い上げることができるのが日本被団協だと思います。そこをくみ取り、要望書にしてほしかった」

埼玉県原爆被害者協議会の三宅信雄さん（八七）も訪問前、報道機関から謝罪を求めるかどうか尋ねられ、苦慮したと打ち明けた。

「被爆地の惨状を見た者としては謝罪してほしい。しかし、謝罪を求めて米国世論を沸かすより、今の時代により重要なのは核兵器廃絶。米国が率先して削減することを求めたい」

広島県被団協理事長の佐久間邦彦さん（七一）は指摘した。「悲劇を二度と繰り返してはならない、というのが私たちの願い。オバマ大統領は核廃絶の道筋を示した後に初めて、謝罪をすべきだと思います」

議論の結果、オバマ大統領の広島演説は、原爆を投下して生じた筆舌に尽くしがたい惨事について、アメリカの大統領としての責任は一切語らなかったと総括。「核兵器廃絶への責任と行動を一層深く求める」との方針を採択した。

そのうえで、核兵器廃絶の条約締結を各国政府に求める国際署名運動を展開する方針を決めた。若者や海外の人が参加しやすいようインターネットも利用し、二〇二〇年までに「数億人」の署名をめざす。

田中さんは、日本被団協の役員を若返らせて世代交代を進めるため、一時は事務局長を退く意向を示した。だが周囲の説得を受け、「やり残したことがまだある」と留任を決めた。日本被団協は二〇一六年八月一〇日、結成六〇年の節目を迎える。「結成六〇周年の年なので、もう少しがんばらせていただきます」。田中さんがあいさつすると、会場から大きな拍手が起きた。

被爆者は願う。一九四五年八月六日、八月九日は、戦争で核兵器が使われた最初で最後の日であってほしい、と。これからの世代が、世界中の人々が核廃絶を真剣に考えてほしい。そして、オバマ大統領の演説を聞いた一人ひとりが行動に移してほしい、と。すべては「ノーモア・ヒバクシャ」のために――。

もう一つの「歴史認識問題」

成田龍一――日本女子大学教授

日本が占領から独立を遂げた一九五二年、広島の平和記念公園に慰霊碑が建立されたとき、「過ちは繰返《くりかえ》しませぬから」という碑文をめぐって論争が起きました。

「過ち」の主語はだれなのか。原爆を落としたアメリカなのか、戦争を起こした日本なのか。結局、明示されぬまま、主語は「人類」という解釈で決着しました。

占領・冷戦のもとで封印されたこうしたタブーを、日本は戦後七一年のいまも抱えています。原爆は、もう一つの「歴史認識問題」なのです。あの戦争をめぐり、日本は南京事件や慰安婦など、アジアに対する戦争責任を問われてきました。一方の原爆は、アメリカに代表される連合国側の戦争犯罪を提起しています。

なのに、今回のオバマ米大統領の広島訪問に対し、日本では日米関係の強化や核廃絶へのステップといった「未来志向」の意味づけばかりが強調され、深い歴史的な問い掛けがかき消されてしまっています。「謝罪ではなく追悼」と主張するアメリカをおもんぱかるように、日本国内の反応も「来て感じてくれるだけでいい」と遠慮がちです。

加害者であるアメリカの大統領が、ヒロシマで何を語るのか。世界中が注視しています。オバマ氏自身、プラハ演説で「核を使用した唯一の保有国としての道義的責任」に言及しているわけですから、日本が謝罪を働きかけるチャンスのはずです。実現できなくても、そこに対話が生まれます。ただし、相手に謝罪を求める以上、当然、あなたはどうなんですか、と反問されるでしょう。原爆投下は戦争の最後の局面で起きたことです。そこに至るまでに、日本は何をしたのか。原爆という被害と、アジアへの加害と、二つの歴史認識問題は切り離せない関係にあります。日本が反省を示してこそ、アメリカに反省を促し、世界の国々から共感を得られるのです。

日本では戦後五〇年の年、広島と長崎の市長が国際司法裁判所で「核兵器の使用は国際法に違反する」と訴えました。でも、日本政府や世論には広がりませんでした。歴史認識では、広島において軍事都市だった加害の歴史に目を向ける議論があり、改修前の広島平和記念資料館の展示に反映されました。このように、被害と加害のからみあう重層的な戦争像が国内で語られましたが、近年は逆に、加害の歴史を認めずに開き直る主張が目立ってきています。

今回の広島訪問で見えてくるのは、アメリカへの従属です。だからこそ、オバマ氏に原爆投下の謝罪を求めることは、日本がアメリカと対等に付き合い、同時にアジアへの加害と向き合い、戦争について平場で議論するきっかけになり得るのです。せっかくの好機を、逃しつつあるように映ります。

（広島訪問前の五月一八日に朝日新聞に掲載）

（以下は、オバマ氏の広島訪問後に再び話を聞きました）

オバマ氏が語った一七分のスピーチを聞き、なかなか配慮が行き届いたものだと感じました。日本人だけでなく、朝鮮人やアメリカ人捕虜も被爆したことに言及し、ヒロシマ・ナガサキの経験を、核廃絶に向けた始まりと位置づけました。

でも、肝心なところが抜けていた。冒頭で原爆について「死が空から降り」と語った部分です。まるで天災か何かのよう。原爆投下が人為的な出来事であり、ほかならぬアメリカが落としたことが、あえて言うなら隠されていました。平和公園の慰霊碑の「過ちは繰返しませぬ」という碑文に主語が欠落しているのと一緒。日米で奇妙に一致しています。

本来なら、投下したアメリカの大統領と、国籍を問わない一般の被爆者が向き合う場であれば良かったのでは。応答のスピーチも、安倍晋三首相ではなく広島市長が、原爆が人々に何をもたらしたのかを率直に語るべきだったと思います。結局は、安倍・オバマが並ぶことで、日米同盟を強化する文脈に回収されてしまいました。

ただ、今回の広島訪問は、謝罪を求めるべきかという論争をはじめ、歴史問題や日米関係について私たちが再考する、得がたい機会でした。核廃絶や歴史認識の問題は、これで決着したわけではありません。

なりた・りゅういち
一九五一年生まれ。専門は日本近現代史。著書に『「戦争経験」の戦後史』(岩波書店)など。戦争の記憶と歴史認識の問題に詳しい。

エピローグ

核兵器なき世界への遠い道のり

副島英樹｜核と人類取材センター

道徳的な目覚め

オバマ大統領の広島訪問が取りざたされていた五月初旬、原爆詩の朗読を続けて三〇年になる俳優の吉永小百合さんが、音楽家の坂本龍一さんとカナダのバンクーバーで朗読会を開いた。朝日新聞が展開するシリーズ「核といのちを考える」の一環として、「核なき世界」への願いを次世代に伝えるための催しだった。

そのバンクーバーで吉永さんにインタビューする機会があり、オバマ氏の被爆地訪問についても考えを聞いてみた。吉永さんは米国の平和活動家フロイド・シュモー氏（一八九五～二〇〇一）に晩年、シアトルで会った時の思い出を語り始めた。シュモー氏は原爆投下への贖罪の気持ちから、広島や長崎で被爆者のために家を建て、戦災復興の一端を支えた米国人だ。吉永さんはこのように語った。

「（シュモー氏は）「広島に原爆が落とされた時、それは、あなたの上にも、私の上にも落ちたんだ」っていう言い方をされました。みんなの上に落ちたんだと。だれが落とした、だれが加害者だっていうことよりも、とんでもないことが起きた、とんでもない武器ができて、それがそのために、たくさんの方が虫けらのように、何の尊厳もなく消滅してしまったっていうことですよね。それを感じてオバマさんが広島に行ってくださるんだったら、私はとてもうれしいことだと思います。加害者、被害者ということではなく、未来に向かっての思いとして、行ってほしいと思いますね」

その約三週間後、オバマ氏は広島にいた。原爆死没者慰霊碑前での演説で「死が空から降ってきて、世界が変わってしまった。人類が自らを破滅させる手段を手にした」と核兵器の本質を語り、国や民族を超え、これが人類全体の問題であると説いた。オバマ氏の言葉は、吉永さんが語ったことと見事に響き合っていた。

オバマ氏の演説の論理展開はこうだ。原爆の犠牲者は日本人だけでなく、朝鮮人も米国人捕虜もいた。この死者たちの魂は、「We（人類）」がこれからどんな未来を選ぶべきかをしっかり考えるよう求めている。そして、「その未来において、広島と長崎は、核戦争の夜明けではなく、私たち自身が道徳的に目覚めることの始まりとして知られるようになる」のである。つまり、原爆という「恐ろしい力」を広島と長崎で使ってしまった愚かさに、人類は道徳的にも気づかなければならない、と述べたのである。

少なくともオバマ氏は、核兵器の使用は道徳的ではないという文脈で語っている。ここ数年、非核保有国を中心に「核兵器の非人道性」に焦点を当てる国際機運が高まっているが、米国など核保有国はこの議論を嫌っている。それだけに、オバマ氏が演説の締めで「道徳的な目覚め」と表現した意味は重い。

厳しい現実

現職の米国大統領の被爆地訪問という歴史的な瞬間を、私は広島平和記念公園の一画に設けられた報道エリアから見つめた。望遠カメラを通してオバマ氏の姿を斜め後方から追うと、原爆死没者慰霊碑の前で黙禱している間、手を前に合わせ、ややうつむき加減で頭を少し下げているように見えた。謝罪の言葉はなくても、「使ってはならない兵器を使ってしまった」という思いは背中から伝わってきた。その後、オバマ氏は一七分間に及ぶ演説で、人類は戦争を回避する知性を磨くべきだと主張した。

演説はしない、原爆資料館には寄らない、被爆者との対話はない――。当初、「謝罪なし」の広島訪問はそんなシナリオとの見方が有力だった。だが、実際の訪問は、時間的には不十分だったとはいえ、すべてが実現した。どんなしがらみがあっても必ず被爆地を訪問する、という大統領自身の強い意思があったからに違いない。

では、オバマ氏の提唱する「核兵器なき世界」はどうやって引き寄せることができるのか。オバマ氏の演説では、核軍縮に向けての具体的な措置や提案は示されなかった。明確な謝罪がなかったことと併せ、それが今回の訪問の厳しい評価にもつながっている。

核廃絶に向けた現実は厳しい。そこには主に三つの側面がある。

第一に、核兵器のない世界を達成するためのアプローチをめぐる路線対立。第二は、世界の核兵器の九割を保有する米国とロシアの関係が悪化し、核軍縮交渉が停滞していることだ。第三は、北朝鮮など「核＝パワーの源泉」という核抑止力信仰にとらわれた国の存在である。

核軍縮・不拡散問題の第一人者である黒澤満・大阪女学院大学大学院教授（軍縮国際法）によると、核兵器なき世界へのアプローチのうち、核兵器の禁止をめざすものにも、核保有

安倍晋三首相の肩に手を添えるオバマ米大統領〔2016年5月27日午後6時13分，広島市中区の平和記念公園〕朝日新聞社撮影

国も入れて二〇〜三〇年でなくす包括的核兵器禁止条約（ＮＷＣ）、核保有国なしでも保有・使用の禁止をスタートさせる核兵器禁止条約（ＴＢＮＷ）、まずは核兵器をなくすことだけで合意して内容を議定書で決めていく核兵器禁止枠組み条約の三つがある。しかし、核保有国や、米国の「核の傘」の下にある日本などは、禁止条約ではなく、「ステップ・バイ・ステップ」の漸進的アプローチを主張している。

現在は非同盟諸国を中心に、「核兵器の非人道性」という人道的側面から禁止条約をめざす動きが国際的に強まり、安全保障の側面からアプローチしようとする核保有国との対立が際立ってきている。この「核の非人道性」に焦点が当たる源流ともなったのが、ちょうど二〇年前の一九九六年七月に国際司法裁判所（ＩＣＪ）が出した「核兵器は一般的に国際人道法に違反する」とした勧告的意見だ。当時の裁判長だったモハメド・ベジャウィ氏は二〇一五年、朝日新聞社主催の国際平和シンポジウム「核兵器廃絶への道」に参加するため広島を初訪問した際、インタビューにこう述べている。

「人間の狂気を知るために、すべての人がこの地を訪れるべきです。広島の資料館のような現実を見ることが重要です。私たちは地球を何度も壊滅させるほどの数の核兵器を持ち続けているのです。いつでも発射できる高度警戒態勢の核弾頭もたくさんあって、数分以内にこの世界をなくせる。これは完全な狂気です」

そして「まず「核兵器は禁止された」と宣言する世界全体の枠組み合意が必要」と強調し、核保有国や日本が主張するステップ・バイ・ステップのアプローチは、米ロが新たな緊張関係にあるような状況では逆に「現実的ではない」と明確に否定した。

米国とロシア

その米ロ関係の悪化が、核軍縮交渉を停滞させている。二〇一三年に深刻化したウクライナ危機が原因だ。この問題の根っこには、米ソ東西冷戦の後遺症がある。一九八九年の冷戦終結後も西側の軍事同盟である北大西洋条約機構（ＮＡＴＯ）が東欧諸国など東方へ拡大し、ロシアが強く反発してきた。欧州ミサイル防衛（ＭＤ）をめぐる米ロの駆け引きも、状況をこじらせている。今なお「冷戦思考」から脱せないことが、核廃絶への障害となっているのだ。

一九四五年に原爆を生んだ米国と、四年後に追いついたソ連。核戦力を競い合うようになった冷戦時代には、ピーク時で米国に約三万発、ソ連に約四万発の核弾頭が備蓄されていた。だが、全世界の核兵器の数を総覧してみると、八六年を境に減少に転じる。

核兵器が削減に向かう転機は一九八六年四月に起きた旧ソ連・チェルノブイリ原発事故だ

った。翌八七年には米ソ首脳が中距離核戦力（ＩＮＦ）全廃条約に署名。射程五〇〇～五五〇〇キロの核兵器約四〇〇〇発をなくした。九一年には長距離の配備核弾頭数を六〇〇〇まで減らす戦略兵器削減条約（ＳＴＡＲＴ）の締結にまでこぎつけた。

ソ連の最高指導者だったゴルバチョフ元大統領は後に、チェルノブイリ事故が核軍縮のきっかけになったと朝日新聞のインタビューに述べている。「何がＩＮＦ全廃条約を促したのか」との問いに、こう答えた。

「一九八六年に起きたチェルノブイリ原発事故だ。私は、チェルノブイリ事故前の世界と以後の世界を分けて考えている。あの事故で、制御を失った核エネルギーが、どのような惨状を生み出すかを実感させられた。ソ連という核大国が大変な苦労をして、やっとのことで、たった一基の原発の核エネルギーの制御を取り戻すことができた。もし戦争で核兵器の制御を失い、チェルノブイリのような汚染がまん延したら、もう手に負えない。チェルノブイリ原発事故は、核軍縮に取り組む私にとって、大きな教訓となった」（一九九七年一二月一八日付朝日新聞より）

原発事故が核兵器削減につながっていることは、核兵器と原発が同根であることを明確に物語っている。そして、米ロの首脳が真摯に取り組めば、核兵器を削減させることも可能なのだ。実際、米ロ関係が「リセット」されて好転した二〇一〇年には、オバマ大統領と当時のメドベージェフ・ロシア大統領との間で、配備核弾頭数を各一五五〇に減らす新たな戦略兵器削減条約（新ＳＴＡＲＴ）の締結に至っている。

長崎大学核兵器廃絶研究センター（ＲＥＣＮＡ）によると、戦術核も含めた核弾頭備蓄量（一六年六月一日現在の推計値）は、米国が七〇〇〇発、ロシアが七三〇〇発。米ロで依然、世界一万五三五〇発の九割超を占めるが、冷戦期と比較すれば減っている。

しかし、昨今のウクライナ問題で米ロ関係が悪化し、核軍縮交渉の進展は見えない。非核攻撃兵器で優位に立つ米国が、「使えない核」への依存度を下げようとする一方で、通常兵器で劣るロシアは逆に核にしがみつく。核保有数を増やしているとされる中国の動向も、米ロだけの軍縮交渉ではすまない状況を生み出す可能性もある。

ロシアの核軍縮専門家で下院国防副委員長も務めたアレクセイ・アルバトフ氏は昨年、朝日新聞のインタビューで「ロシアは今、保守的な核大国になったと言える。ロシアは通常兵器で米国に後れをとっているから核兵器に依存し、核戦力を現代化させる。これがロシアにとっての安全保障だ」と語った。一時は欧州ミサイル防衛（ＭＤ）を共同で進める構想さえ検討され、本当の意味での冷戦終結が実現するかと思われた時期もあったが、今のロシアに米国との交渉に応じるつもりはない。プーチン大統領はクリミア併合時に核使用の準備ができていたとまで発言し、世界に衝撃を与えた。

オバマ氏が「核なき世界」を提唱すれば、プーチン大統領は「核大国」であることを強調する。「核＝パワーの源泉」という核抑止力信仰が、北朝鮮のような国を生む。

無用な存在

米軍制服組トップと国務長官を務め、米国の核戦略の最前線にいたコリン・パウエル氏は二〇一三年、朝日新聞のインタビューで、核兵器は「極めてむごい兵器」であるために使えず、軍事的には無用な存在だと語っている。

パウエル氏は、核武装したインドとパキスタンの間で二〇〇二年に緊張が高まった際、パキスタン首脳に広島、長崎の被爆後の悲惨な写真を思い起こすよう説いて、対立緩和に導いた秘話も明かした。被爆地の記憶が、実際の国際政治に影響を与えたとの証言だ。

この対立では両国が核による威嚇も辞さない恐れがあった。国務長官だったパウエル氏はパキスタン首脳に電話で「あなたも私も核など使えないことはわかっているはずだ」と自重を促した。さらに「一九四五年八月の後、初めてこんな兵器を使う国になるつもりなのか。もう一度、広島、長崎の写真を見てはどうか」と迫ると、パキスタン側は「ノー」と答えた。インド側も同様な反応だった。こうした説得の結果、危機は去ったという。

パウエル氏は語る。「まともなリーダーなら、核兵器を使用するという最後の一線を踏み越えたいとは決して思わない。使わないのであれば基本的には無用だ」「私は軍事的な意味で無用だと言っている。政治的に見れば、核には抑止力があり、北朝鮮は核兵器を持つことで自国の力や価値が増すと考えている。だからこそ私は核軍縮を提唱している。核兵器をすぐにゼロにするのは難しい。しかし、核廃絶という目標を持つのは良いことだ」

米国は「核なき世界」を語る一方で、核兵器の更新・近代化に多額の予算を計上している。ロシアも新ＳＴＡＲＴに従って老朽化した核兵器を大幅に減らしても、性能を更新した新型を上限いっぱいまで持とうとする。「核＝パワーの源泉」という神話から人類が抜け出られない限り、核不拡散条約（ＮＰＴ）で核保有を認められていないインドやパキスタン、北朝鮮のような国々への核の拡散も防げない。

日本はＮＡＴＯ諸国、すなわち欧米の軍事同盟「北大西洋条約機構」と同様に、米国の「核の傘」の下にある。日本は唯一の戦争被爆国でありながら、日本政府の立場は「米国は核抑止力を減らさないでほしい」というものだ。核兵器六〇〇〇発分とも言われる四八トン近いプルトニウムを保有し、原発の使用済み核燃料の再処理を維持しようとする日本は、外から見れば「潜在的な核保有国」と映る。北東アジアの核ドミノを招きかねない。

それでもめざす

そうした現実を見つめながらもなお、私たちは「核なき世界」をめざさなければならない。人類に初めて核兵器を使った米国の現職大統領が、七〇年余の時を越えて被爆地を訪れた。歴史に刻まれるであろうこの出来事を、「核兵器はなくすんだ」という国際機運を世界に根付かせる機会としてぜひとも生かしたい。

オバマ氏の演説の原点にあったのが、「広島に立つことの意味」をもう一度私たちは考えなければならないというメッセージだった。今回の訪問に評価は分かれるものの、これまで関心のなかった人々がオバマ氏の行動によって被爆の問題に触れる——という効果は明らかだった。世界の目をこれほど引きつける機会もかつてなかっただろう。

被爆地に立つ意味とは何か。

「水、水」とうめきながら亡くなった男の子の焼け焦げた三輪車。授乳中に被爆した乳児の穴の空いたワンピース。放射線障害で苦しみ抜いた佐々木禎子さんの折り鶴……。

「あの時、もし自分がそこにいたら」。生身の人間の痛みと苦しみを想像し、それを我がこととして受け止めること。それが出発点なのではないか。

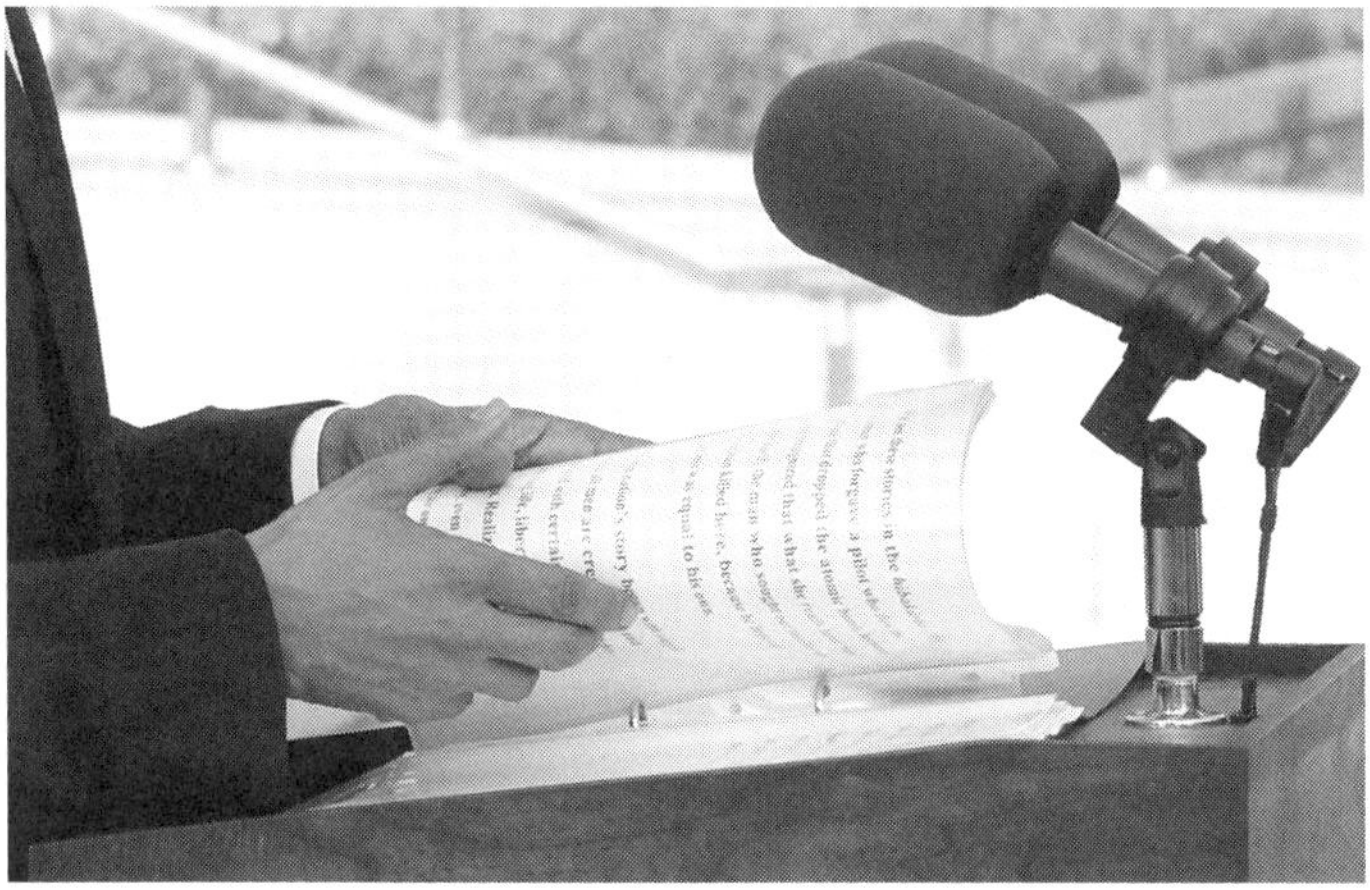

演説するオバマ米大統領の手元と原稿〔2016年5月27日午後，広島市の平和記念公園〕朝日新聞社撮影

核兵器の保有がいかに非人道的で恥ずべきことか、何より世界の為政者が認める必要がある。核の非人道性を問い、核を非正当化する。いわば、格好悪い、道徳的に良くないという意識を「常識」にすることだ。

長崎以降、核兵器は実戦では使われていない。だが、一つのミスで人類の破滅を招く可能性を秘めるのが核兵器の怖さだ。保有そのものが非人道的な結末をもたらしかねない。核武装につながる核抑止論を認めてしまえば、「核を持つことはやむを得ない」という逆ベクトルにからめとられてしまう。

オバマ氏は演説でこうも述べた。「いつか、証言するヒバクシャの声が聞けなくなる日が来る」と。あらゆる形でその記憶を人類が引き継ぎ、二度と核兵器が使われない、「人類が戦争をより遠いものにする」世界を実現しなければならない。戦争をしないということこそ、人類の最大の知性であり、「道徳心の目覚め」であろう。

「核なき世界をめざす」という根本の理念は、決して揺るがせてはならない。

大規模な交通規制で，原爆ドーム周辺は広島電鉄も止まった〔2016年5月27日午後5時46分，広島市中区〕朝日新聞社撮影

あとがき

中国山地に源を発する太田川は、広島市の市街地に入って六つの流れに分かれ、デルタ地形をつくる。原爆ドーム前の停留所から宮島口行きの路面電車に乗り、最も西を流れる太田川放水路を渡る。すると、平地が途切れ、壁のように山塊が立ち上がる。西広島駅で電車を降りると、那須正幹さんの児童文学「ズッコケ三人組」シリーズのモデルになった己斐《こい》の街だ。かつては植木の町として知られていた。さらに、近接するＪＲの駅前からバスに乗り換え、終点の大迫団地まで行く。そこから徒歩で山道を一〇分ほど登ると、数メートルほどの巨石がいくつも折り重なる場所に出る。標高は二〇〇メートルほど。その岩の上に立つと、広島の市街地が一望できる。道路を行き交う車、鉄橋を渡るＪＲの電車の音……。この街に暮らす人々の営みを感じることができる。

空を見上げる。この場所から四〇〇メートルほど上の高さで、一九四五年八月六日、原子爆弾リトルボーイが炸裂した。眼下の市街地とのあまりの近さに戦慄する。中心温度が一〇〇万度を超えた火球は、一秒で最大直径約二八〇メートルに達したとされる。この街で暮らし、働いていたごく普通の市民が、熱線に焼かれ、爆風に吹き飛ばされ、放射線に貫かれた。私は爆心地から二キロ以内で偶然にも生き残った父親を持ち、被爆二世として広島で生まれ育った。父や、同じく被爆した祖父から体験談を繰り返し聞かされてきた。だからこそ、「核なき世界を目指す」と宣言したオバマ米大統領には、どうしても被爆地を訪問してほしいと思っていた。広島、長崎を訪れ、被爆者の生の声を聞き、被爆資料を自らの目で見ることで、心の深い部分で核兵器の非人道性を理解してもらえるのではないか、と考えたからだ。

そしてオバマ大統領は「ヒロシマ」にやってきた。平和記念資料館の滞在時間は短く、一七分間に及んだ演説は格調高いものではあったけれども、核廃絶に向けた具体策は語られなかった。最悪の非人道兵器を生身の人間に対して使ったことへの悔いも直接的に示されることはなかった。本書にも詳述されている通り、戦後七一年を経たとはいえ、現職のアメリカ大統領が被爆地を訪れることにはさまざまな政治的リスクがあり、何重もの制約の中でしか実現できないことだったのだろう。オバマ氏の本心は、坪井直さんが指摘するように、大統領退任後にもう一度広島や長崎を訪れたときにこそ聞けるのかもしれない。それでも、オバマ大統領が被爆地を訪れた意義は決して小さいものではない。世界史の一ページに刻まれるであろうこの歴史的な訪問。その報道に、朝日新聞は国内外の記者が総力を挙げて取り組んだ。新聞記者の役割は、日々のニュースを追い、読者に届けることにあるのは言うまでもない。だが、それだけではない。歴史的な場面に立ち会い、その目撃者としての経験や思いを後世に書き残す責務がある。記者たちはその責務を果たすべく取り組んだ。新聞紙面では最大限の展開をしたが、書ききれなかった膨大なエピソードやデータが記者たちの手元に残った。この貴重な財産は、そのままにしておいてはいつしか失われ、記者の記憶と取材ノートに残されるだけになってしまう。記者たちの思い、貴重な取材成果をまとまった形で記録に残せないか。そう考えた南島信也・編集担当補佐の発案で、書籍化の計画が動き出した。

出版するからには、オバマ大統領広島訪問の記憶が鮮明な二〇一六年の原爆忌、夏までに読者の手元に届けたい。本書は、大半は新たに書き下ろしたり、紙面に掲載した内容を大幅に加筆したりしたものだ。担当の記者たちはアメリカ大統領選や参院選の報道で多忙を極めていた。それでも、歴史的な訪問の舞台裏を含めて記録に残すことの意義を理解し、休日をつぶして取り組んだ。

デスクワークは大島隆（国際報道部次長）、田井良洋（大阪社会部次長）、田中光（東京社会部次長）、南島が分担し、全体のとりまとめは南島が務めた。西村磨（大阪社会部次長）は、取材時から書籍化まで、広島、長崎両総局と東京、大阪、西部の各本社の結節点の役割を果たした。各章とインタビューの筆者、そして二〇一六年五月二七日に広島で取材した五六人の記者の名前を巻末に記した。

最後になったが、本書が上梓できたのは、出版の意義を理解し、極めてタイトなスケジュールの中で出版を引き受けて下さった筑摩書房編集局の石島裕之さんのおかげだ。心から感謝を申し上げたい。

二〇一六年六月

朝日新聞西部本社編集局長（前・東京本社編成局長補佐）

井手　雅春

●執筆者一覧

プロローグ
田井中雅人（核と人類取材センター）

第1章
田井中雅人（核と人類取材センター）、宮崎園子（大阪社会部）、平井良和（同）、矢吹孝文（同）、中野晃（同）、岡本玄（広島総局）、大隈崇（同）、松崎敏朗（同）、山野健太郎（長崎総局）、杉山麻里子（東京社会部）
トルーマン&ハーシー◉インタビュー　平山亜理（ロサンゼルス支局）、中井大助（ニューヨーク支局）
山本モナ◉インタビュー　宮崎園子（大阪社会部）

第2章
望月洋嗣（GLOBE編集部）、副島英樹（核と人類取材センター）
入江昭◉インタビュー　真鍋弘樹（ニューヨーク支局）

第3章

中井大助（ニューヨーク支局）、武田肇（政治部）

ピーター・カズニック&オリバー・ストーン●インタビュー　杉山正（アメリカ総局）

第4章

奥寺淳（アメリカ総局）、山脇岳志（同）、武田肇（政治部）、安倍龍太郎（同）

黒澤満●インタビュー　副島英樹（核と人類取材センター）

平岡敬●インタビュー　加戸靖史（論説委員室）

第5章

岡本玄（広島総局）、大隈崇（同）、高島曜介（同）、泉田洋平（同）、

岡田将平（長崎総局）、真野啓太（同）、宮崎園子（大阪社会部）

成田龍一●インタビュー　西本秀（東京社会部）

エピローグ

副島英樹（核と人類取材センター）

●二〇一六年五月二七日に広島でオバマ米大統領の訪問を取材した記者たち（所属は当時）

●国際報道部
大島隆
山脇岳志
佐藤武嗣
奥寺淳
清宮涼
乗京真知

●政治部
武田肇
安倍龍太郎
中﨑太郎
大久保貴裕

●大阪社会部
田井良洋
小河雅臣
宮崎園子
高木智子
平井良和
矢吹孝文
半田尚子
中野晃

●核と人類取材センター
副島英樹
田井中雅人

●広島総局
杉林浩典
辻外記子
田村隆昭
岡本玄
大隈崇
高島曜介
泉田洋平
池上碧
神沢和敬
松崎敏朗
清水康志
久保田侑暉
加治隼人
小林圭
田中瞳子
橋本拓樹
雨宮徹
北村哲朗
広津興一

●長崎総局
山野健太郎

●大阪映像報道部
恒成利幸
青山芳久
伊藤進之介
高橋雄大
遠藤真梨
上田潤

●東京映像報道部
金川雄策
日吉健吾

●西部映像報道グループ
上田幸一

●東京社会部
杉山麻里子

●オピニオン編集部
尾形聡彦

●論説委員室
有田哲文
小村田義之
加戸靖史

●報道・編成局長室
井手雅春
南島信也

資料編　**オバマ大統領の広島演説**　全文訳

71年前、明るく、雲一つない晴れ渡った朝、死が空から降り、世界が変わってしまいました。閃光《せんこう》と炎の壁が都市を破壊し、人類が自らを破滅させる手段を手にしたことを示したのです。

なぜ私たちはここ、広島を訪れるのか。私たちはそう遠くない過去に解き放たれた恐ろしい力について、じっくり考えるために訪れるのです。10万人を超す日本人の男女そして子どもたち、何千人もの朝鮮人、十数人の米国人捕虜を含む死者を悼むために訪れるのです。彼らの魂が私たちに語りかけます。私たちに内省し、私たちが何者なのか、これからどのような存在になりえるのかをよく考えるように求めているのです。

広島を際立たせるのは戦争の事実ではありません。暴力を伴う紛争は太古の昔からあったことが古代の遺物からわかります。火打ち石から刃を作り、木からやりを作ることを学んだ私たちの祖先は、これらの道具を狩猟だけでなく、人間に対しても使ったのです。どの大陸においても、原因が穀物の不足か、金塊を求めてか、強い愛国心か、熱心な信仰心かにかかわらず、文明の歴史は戦争で満たされています。いくつもの帝国の興亡があり、人々は服従を強いられたり、解放されたりしました。それぞれの時期に罪なき人たちが犠牲になり、その名は時がたつにつれて忘れられていきました。

広島と長崎で残酷な終結を迎えることになった世界大戦は、最も豊かで、最も力の強い国々の間で戦われました。それらの国の

文明は世界に偉大な都市や素晴らしい芸術をもたらしました。思想家たちは正義や調和、真実に関する考えを生み出してきました。しかし、この戦争は、最も単純な部族間の紛争の原因と同じ、支配や征服をしたいという本能から生まれてきたのです。新たな能力によってその古いパターンが増幅され、それに対する新たな制約もないのです。数年の間で6千万人もの人たちが亡くなりました。男性、女性、子ども、私たちと何ら変わりのない人たちが、撃たれ、殴られ、行進させられ、爆撃され、投獄され、飢えやガス室で死んだのです。

この戦争を記録する場所が世界に数多くあります。勇気や英雄的行為の物語を語る記念碑、筆舌に尽くしがたい悪行を思い起こさせる墓地や無人の収容所です。しかし、この空に立ち上ったキノコ雲のイメージのなかで、私たちは人間性の中にある根本的な矛盾を最もはっきりと突きつけられます。私たちを人類たらしめている力、つまり私たちの考えや想像力、言語、道具をつくる能力、自然を自らと区別して自らの意思のために変化させる能力といったものこそが、とてつもない破壊能力を私たち自身にもたらすのです。

物質的な進歩または社会的革新によって、私たちは何度この真実が見えなくなるのでしょうか。どれだけたやすく、私たちは何かより高い大義の名の下に暴力を正当化してきたでしょうか。あらゆる偉大な宗教が愛、平和、公正への道を約束しています。しかし、いかなる宗教も信仰が殺戮《さつりく》の許可証だと主張する信者から免れていません。国家というものは、自らを犠牲にして協力し、素晴らしい偉業を成し遂げるために人々を団結させる物語を語っ

て生まれます。しかし、それらの同じ物語は、幾度となく異なる人々を抑圧し、その人間性を奪うために使われてきました。

科学によって、私たちは海を越えて通信を行い、雲の上を飛び、病を治し、宇宙を理解することができるようになりました。しかし、これらの同じ発見は、これまで以上に効率的な殺戮の道具に転用することができるのです。

現代の戦争は、私たちにこの真実を教えてくれます。広島がこの真実を教えてくれます。科学技術の進歩は、人間社会に同等の進歩が伴わなければ、人類を破滅させる可能性があります。原子の分裂を可能にした科学の革命には、道徳上の革命も求められます。

だからこそ、私たちはこの場所を訪れるのです。私たちはここに、この街の中心に立ち、原子爆弾が投下された瞬間を想像しようと努めます。目にしたものに、混乱した子どもたちの恐怖を感じようとします。私たちは、声なき叫びに耳を傾けます。私たちは、あの恐ろしい戦争で、それ以前に起きた戦争で、そしてそれ以後の戦争で殺されたすべての罪なき人々を思い起こします。

単なる言葉だけでは、こうした苦しみに声を与えることはできません。しかし私たちは、歴史を直視し、こうした苦しみの再発を防ぐためにどうやり方を変えるべきなのかを問う責任を共有しています。いつか、証言するヒバクシャ（被爆者）の声が聞けなくなる日がくるでしょう。しかし、1945年8月6日の朝の記憶を薄れさせてはなりません。この記憶のおかげで、私たちは現状を変えなければならないという気持ちになり、私たちの倫理的想像力に火がつくのです。そして私たちは変わることができるのです。

あの運命の日以来、私たちは希望をもたらす選択をしてきました。

米国と日本は同盟だけでなく、私たちの市民に、戦争を通じて得られるよりも、はるかに多くのものをもたらす友情を築きました。欧州諸国は、戦場を通商と民主主義の絆に置き換える連合を築きました。抑圧された人々と国々は解放を勝ち取りました。国際社会は戦争を回避し、核兵器の存在を制限し、縮小し、最終的には廃絶するために機能する組織と条約をつくりました。

それでもなお、世界で目の当たりにする国家間のあらゆる攻撃的行動、あらゆるテロ、腐敗、残虐行為、抑圧は、私たちの仕事に終わりがないことを物語っています。私たちは、人間の悪をなす能力をなくすことはできないかもしれません。だからこそ、国家や私たちが作り上げた同盟は、自衛の手段を持たなければなりません。しかし、私の国のように核を保有する国々は、恐怖の論理にとらわれず、核兵器なき世界を追求する勇気を持たなければなりません。

私の生きている間に、この目標は実現できないかもしれません。しかし、たゆまぬ努力によって、大惨事が起きる可能性は減らすことができます。私たちは核の根絶につながる道筋を示すことができます。私たちは、ほかの国への核拡散を止め、狂信者たちから死をもたらす（核）物質を遠ざけることができます。

しかし、それでもまだ十分ではありません。なぜなら、粗製のライフルや樽《たる》爆弾でさえ、どれだけ恐ろしい規模の暴力を起こせるのか、私たちは世界で目の当たりにしているからです。私たちは戦争そのものへの考え方を変えなければいけません。そして、外交を通じて紛争を防ぎ、すでに始まった紛争を終わらせる努力をしなければなりません。相互依存の高まりが、暴力的な競争の

原因になるのではなく、平和的な協力を生むものだと考えるのです。そして、私たちの国家を、破壊能力によってではなく、何を築き上げるかで定義づけるのです。

そして、おそらく何にもまして、私たちは一つの人類の仲間として、互いの関係を考え直さなければいけません。なぜなら、そのことも人類を比類なき種にしているからです。私たちは遺伝情報によって、過去の間違いを繰り返す運命を定められているわけではありません。私たちは学び、選ぶことができます。共通の人間性を描き、戦争をより遠いものにし、残虐な行為は受け入れられがたいような、異なる物語を私たちは子どもたちに伝えることができます。

私たちはこうした物語を、ヒバクシャの中にみることができます。原爆を投下した爆撃機のパイロットを許した女性がいます。なぜなら、彼女は本当に憎いのは戦争そのものだと分かったからです。この地で殺された米国人たちの家族を捜し出した男性がいました。なぜなら、この男性は、彼らの喪失は自分たちの喪失と等しいと信じていたからです。

私の国の物語はシンプルな言葉から始まりました。「すべての人は等しくつくられ、生命、自由、幸福追求を含む、奪われることのない権利を創造者から授けられた」。そうした理想を実現するのは、たとえ私たちの国内であっても、国民同士であっても、決して簡単なことではありませんでした。

しかし、その物語へ忠実であり続けることは、努力に値することです。大陸を越え、海を越えて追い求められるべき理想なのです。すべての人の減じることのできない価値。すべての命は尊いとい

う主張。私たちはたった一つの人類の一員なのだという根本的で欠かせない考え。これらが、私たち全員が伝えていかなければならない物語なのです。

それが、私たちが広島を訪れる理由です。私たちが愛する人のことを考えるためです。朝起きて最初に見る私たちの子どもたちの笑顔や、食卓でそっと触れる伴侶の手の優しさ、親からの心安らぐ抱擁のことを考えるためです。私たちはそうしたことを思い浮かべ、71年前、同じ大切な時間がここにあったということを知ることができるのです。亡くなった人たちは、私たちと変わらないのです。普通の人たちは、このことを分かっていると私は思います。普通の人はもう戦争を望んでいません。科学の驚異は人の生活を奪うのでなく、向上させることを目的にしてもらいたいと思っています。

国家や指導者が選択をするにあたり、このシンプルな良識を反映させる時、広島の教訓は生かされるのです。

世界はこの地で、永遠に変わってしまいました。しかし今日、この街の子どもたちは平和に暮らしています。なんて尊いことでしょうか。それは守る価値があり、すべての子どもたちに与える価値のあるものです。それは私たちが選ぶことのできる未来です。そして、その未来において、広島と長崎は、核戦争の夜明けではなく、私たち自身が道徳的に目覚めることの始まりとして知られるようになるでしょう。

Seventy-one years ago, on a bright, cloudless morning, death fell from the sky and the world was changed. A flash of light and a wall of fire destroyed a city and demonstrated that mankind possessed the means to destroy itself.

Why do we come to this place, to Hiroshima? We come to ponder a terrible force unleashed in a not so distant past. We come to mourn the dead, including over 100,000 in Japanese men, women and children; thousands of Koreans; a dozen Americans held prisoner. Their souls speak to us. They ask us to look inward, to take stock of who we are and what we might become.

It is not the fact of war that sets Hiroshima apart. Artifacts tell us that violent conflict appeared with the very first man. Our early ancestors, having learned to make blades from flint and spears from wood, used these tools not just for hunting, but against their own kind. On every continent, the history of civilization is filled with war, whether driven by scarcity of grain or hunger for gold; compelled by nationalist fervor or religious zeal. Empires have risen and fallen. Peoples have been subjugated and liberated. And at each juncture, innocents have suffered, a countless toll, their names forgotten by time.

The World War that reached its brutal end in Hiroshima and Nagasaki was fought among the wealthiest and most powerful of

nations. Their civilizations had given the world great cities and magnificent art. Their thinkers had advanced ideas of justice and harmony and truth. And yet, the war grew out of the same base instinct for domination or conquest that had caused conflicts among the simplest tribes; an old pattern amplified by new capabilities and without new constraints. In the span of a few years, some 60 million people would die — men, women, children no different than us, shot, beaten, marched, bombed, jailed, starved, gassed to death.

There are many sites around the world that chronicle this war — memorials that tell stories of courage and heroism; graves and empty camps that echo of unspeakable depravity. Yet in the image of a mushroom cloud that rose into these skies, we are most starkly reminded of humanity's core contradiction; how the very spark that marks us as a species — our thoughts, our imagination, our language, our tool-making, our ability to set ourselves apart from nature and bend it to our will — those very things also give us the capacity for unmatched destruction.

How often does material advancement or social innovation blind us to this truth. How easily we learn to justify violence in the name of some higher cause. Every great religion promises a pathway to love and peace and righteousness, and yet no religion has been spared from believers who have claimed their faith as a license to kill. Nations arise, telling a story that binds people together in sacrifice and cooperation, allowing for remarkable

feats, but those same stories have so often been used to oppress and dehumanize those who are different.

Science allows us to communicate across the seas and fly above the clouds; to cure disease and understand the cosmos. But those same discoveries can be turned into ever-more efficient killing machines.

The wars of the modern age teach us this truth. Hiroshima teaches this truth. Technological progress without an equivalent progress in human institutions can doom us. The scientific revolution that led to the splitting of an atom requires a moral revolution, as well.

That is why we come to this place. We stand here, in the middle of this city, and force ourselves to imagine the moment the bomb fell. We force ourselves to feel the dread of children confused by what they see. We listen to a silent cry. We remember all the innocents killed across the arc of that terrible war, and the wars that came before, and the wars that would follow.

Mere words cannot give voice to such suffering, but we have a shared responsibility to look directly into the eye of history and ask what we must do differently to curb such suffering again. Someday the voices of the hibakusha will no longer be with us to bear witness. But the memory of the morning of August 6th, 1945 must never fade. That memory allows us to fight complacency. It fuels our moral imagination. It allows us to

change.

And since that fateful day, we have made choices that give us hope. The United States and Japan forged not only an alliance, but a friendship that has won far more for our people than we could ever claim through war. The nations of Europe built a Union that replaced battlefields with bonds of commerce and democracy. Oppressed peoples and nations won liberation. An international community established institutions and treaties that worked to avoid war and aspire to restrict and roll back, and ultimately eliminate the existence of nuclear weapons.

Still, every act of aggression between nations; every act of terror and corruption and cruelty and oppression that we see around the world shows our work is never done. We may not be able to eliminate man's capacity to do evil, so nations — and the alliances that we've formed -- must possess the means to defend ourselves. But among those nations like my own that hold nuclear stockpiles, we must have the courage to escape the logic of fear, and pursue a world without them.

We may not realize this goal in my lifetime. But persistent effort can roll back the possibility of catastrophe. We can chart a course that leads to the destruction of these stockpiles. We can stop the spread to new nations, and secure deadly materials from fanatics.

And yet that is not enough. For we see around the world today how even the crudest rifles and barrel bombs can serve up

violence on a terrible scale. We must change our mindset about war itself — to prevent conflict through diplomacy, and strive to end conflicts after they've begun; to see our growing interdependence as a cause for peaceful cooperation and not violent competition; to define our nations not by our capacity to destroy, but by what we build.

And perhaps above all, we must reimagine our connection to one another as members of one human race. For this, too, is what makes our species unique. We're not bound by genetic code to repeat the mistakes of the past. We can learn. We can choose. We can tell our children a different story -- one that describes a common humanity; one that makes war less likely and cruelty less easily accepted.

We see these stories in the hibakusha — the woman who forgave a pilot who flew the plane that dropped the atomic bomb, because she recognized that what she really hated was war itself; the man who sought out families of Americans killed here, because he believed their loss was equal to his own.

My own nation's story began with simple words: All men are created equal, and endowed by our Creator with certain unalienable rights, including life, liberty and the pursuit of happiness. Realizing that ideal has never been easy, even within our own borders, even among our own citizens.

But staying true to that story is worth the effort. It is an ideal to be strived for; an ideal that extends across continents, and

across oceans. The irreducible worth of every person, the insistence that every life is precious; the radical and necessary notion that we are part of a single human family — that is the story that we all must tell.

That is why we come to Hiroshima. So that we might think of people we love — the first smile from our children in the morning; the gentle touch from a spouse over the kitchen table; the comforting embrace of a parent -- we can think of those things and know that those same precious moments took place here seventy-one years ago. Those who died — they are like us. Ordinary people understand this, I think. They do not want more war. They would rather that the wonders of science be focused on improving life, and not eliminating it.

When the choices made by nations, when the choices made by leaders reflect this simple wisdom, then the lesson of Hiroshima is done.

The world was forever changed here. But today, the children of this city will go through their day in peace. What a precious thing that is. It is worth protecting, and then extending to every child. That is the future we can choose — a future in which Hiroshima and Nagasaki are known not as the dawn of atomic warfare, but as the start of our own moral awakening.

資料編

オバマ米大統領、書面インタビュー

2016年5月27日付朝日新聞朝刊、広島部分のみ抜粋

質問

広島訪問を決めた理由を聞かせてください。演説では、どのようなメッセージを込めるつもりですか。日米双方で、原爆投下について米国は謝罪をするべきなのか、戦争を終結させるために原爆投下は正しい判断だったのか、について議論があります。このような論争についてどのように考えますか。

大統領は2009年のプラハ演説で「核兵器のない世界」を提唱しました。しかし、ロシアとの交渉は進んでおらず、北朝鮮は今、核兵器を持ち、核拡散の問題は深刻な脅威のままです。「核兵器のない世界」の理想を実現するためには何が必要なのでしょうか。

回答

私は、広島平和記念公園を訪れることを楽しみにしている。安倍晋三首相とともに訪問する機会を得たことに感謝している。私が広島を訪問するのは何にもまして、第2次世界大戦で失われた何千万もの命に思いをはせ、敬意を表するためである。広島が思い起こさせるのは、戦争は、理由や関与した国を問わず、とりわけ罪なき市民に対して途方もない苦しみと喪失をもたらすものということだ。私は、広島と長崎への原爆投下の決定について再び議論はしない。だが私は、安倍首相と私が共に広島を訪問することが、かつての敵国同士でさえ、最も強力な同盟国になれるという和解

の可能性を世界に示すということを指摘したい。

私は長い演説をするつもりはないが、核兵器なき世界の平和と安全を追求するという、プラハで示したビジョンを思い起こすことになるだろう。私が生きているうちにこのビジョンを達成することはできないかもしれないと私は常々言ってきたが、私たちは重要な進歩を遂げた。米国とロシアの核保有量は、この60年間で最も低いレベルに到達する予定だ。私は、米国の安全保障戦略における核兵器の数と役割を削減した。歴史的な合意によって、私たちはイランへの核兵器拡散を防止した。核保安サミットを通して、日本や他の多くの国々の手厚い協力を得ながら、核兵器テロを防ぐための重要な対策を講じた。

無論、今後なすべき多くの仕事が残っており、最も困難な課題の一つは北朝鮮だ。北朝鮮の核と弾道ミサイルの計画はこの地域、米国、そして世界に対する脅威だ。だからこそ、私たちは史上最も厳しい制裁を北朝鮮に科すために国際社会と協力してきた。だからこそ、安倍首相と韓国の朴槿恵《パククネ》大統領とともに日米韓3カ国の協力を増強し、抑止力と防衛力を強化し続けるために協力してきた。私たちの国々は団結している。私たちは決して核武装した北朝鮮を容認しない。私たちは朝鮮半島の非核化を追求し続ける。そして私たちは北朝鮮政府に対し、信頼できる交渉が北朝鮮の非核化と北朝鮮市民のさらなる繁栄、好機につながるという道を示し続けていく。

核保有国がすべきこともたくさんある。私は、米国には、核なき世界の平和と安全に向けて指導力を発揮し続ける特別な責任があると繰り返し述べてきた。

ヒロシマに来《き》た大統領《だいとうりょう》　「核《かく》の現実《げんじつ》」とオバマの理想《りそう》

2016年8月6日　初版第1刷発行

著　　　者　朝日新聞取材班

ブックデザイン　岩瀬聡

発　行　者　山野浩一

発　行　所　株式会社筑摩書房

東京都台東区蔵前2-5-3

郵便番号　111-8755

振　　替　00160-8-4123

印刷・製本　中央精版印刷株式会社

ISBN 978-4-480-86447-5　C0031

乱丁・落丁本の場合は、お手数ですが下記宛へご送付下さい。
送料小社負担にてお取り替えいたします。ご注文・お問い合わせも下記にお願いいたします。

筑摩書房サービスセンター
郵便番号 331-8507　さいたま市北区櫛引町2-604
電話番号　048-651-0053